Felix Bürkle

Gesündigt wegen Eigenbedarf

Gedichte

Bibliografische Information
der Deutschen Nationalbibliothek:

Die Deutsche Nationalbibliothek verzeichnet diese Publikation
in der Deutschen Nationalbibliografie;
detaillierte bibliografische Daten sind im Internet über
dnb.dnb.de abrufbar.

© 2020 Felix Bertram Werner Bürkle
Gestaltung: Sarah Schott
Herstellung und Verlag:
BoD – Books on Demand, Norderstedt
ISBN: 9783750495890

Vorwort

Man dankt und dankt
der ersten Reihe.
Es zankt und zankt
sich manch Geweihe,
wo ein Platzhirsch fallen kann.
Wer oben stürzt, kommt unten an?
Wer unten springt, steigt hoch empor?
Ist sicher nicht. Kommt trotzdem vor.

Gedichte, frei in der Form

Fischtheke

Auf dem Eise lag der tolle
Hering neben einer Scholle.
Mehrheitlich im Meer zu finden,
ließ er sich doch überwinden

sich im Netze einzunisten.
Einfach ist das Überlisten.
Die Theke wurde nun sein Heim,
er teilte sie mit manchem Keim.

Ein treudoof blickend Tintenfisch,
der Arme hatte auf dem Tisch
die Arme schon verloren,
er wurde auserkoren.

Herbert Heiser, arm doch reich,
gefiel die Konsistenz, so weich
und glitschig. Welch Genuss.
Am Samstag stets ein Muss.

Der Hering hatte keine Not,
war er doch schon seit Tagen tot.
Ich fühlte seine Schuppen
an meinen Fingerkuppen,

vom Frost sehr hart,
vom Duft sehr zart
und eine Augenweide.
Ich aß ihn dann mit Heide,

der Frau von Herbert Heiser.
Sie war meist etwas leiser
und litt unter dem Manne.
Auch ich hab eine Pfanne.

Die Armbanduhr

Den Rücken meiner Zeitschrift, stur,
ihn zierte eine Armbanduhr,
die mit viel Weißraum dargestellt
erfreut die Reichen dieser Welt.

Doch mir, dem armen Geiger,
ging sie nur auf den Zeiger.
Man trägt Gold nicht an Hand und Ohr,
es kommt zur Geltung im Tresor

bei reichlich schwerer Stunde,
zu füllen manchen Munde.
Dem Weisen sind die Klunker
der größte Schatz im Bunker.

Dem Toren an den Ohren
und an den Handgelenken.
Zum Posen auserkoren.
Nicht erben, sondern schenken.

Kyffhäuserkreis

Einst verlieh man einen Preis
jährlich im Kyffhäuserkreis.
Wer ein Jahr nicht kiffte,
fröhlich dann umschiffte

Grönland und Venedig.
Doch der Preis blieb ledig,
denn der Name war Programm
dort im Kreis bei Rind und Lamm.

Dunkelziffer

Man munkelt, dass sie höher sei,
vom Kuckuckskind zur Kifferei.
Die Dunkelziffer.

Wenn Onkel Olaf, nett und fett,
bringt seine Nichte jung ins Bett.
Die Dunkelziffer. Weich wie Mett.

Das Zahlenschloss sitzt sattelfest
am alten Fahrradsattel fest.
Im Keller spinnt das Licht.
Die Dunkelziffer nicht.

Immatrikulationsnummer

Ich staunte stets nicht schlecht,
dass auch nach drei, vier Jahren
war sich manch Bildungshecht
im Kopf noch nicht im Klaren

über die große Nummer,
die Freude und auch Kummer
zu Unizeiten schürt.
Die Ehre ihr gebührt.

Man muss Tag ein Tag aus
die Folge doch angeben.
Den Ausweis holt nur raus,
wer scheitert stets im Streben.

Warteschleife

Ich war zu Warten im Begriff
doch unterlag dem feinen Kniff,
durch grelle Melodeien
ins Telefon zu speien.

So blieb die Leitung wohl stets leer
und manches lieblich Stimmen-Heer
verlängerte die Pause
zur ungezähmten Sause.

Mein Anliegen, es ging per Post,
mit Worten zwischen Frust und Frost,
an jene Unternehmung.
Sie trotzte der Auflehnung.

So sitze ich am Telefon
und frage mich seit Stunden schon:
Beruflich nochmal starten?
Bequemer ist das Warten.

Topflappen

Ihres Balkones Kacheln
verzierten viele Stacheln.
Kakteen, grün und übersät
mit spitzem Feindabwehrgerät.

Die Blumen gingen ihr stets ein,
vom großen Topf bis Sträußlein klein,
und so beschloss die junge Frau
zu trotzen diesem Alltag grau.

In allen Formen, Größen
und sicher vor den Stößen
verzierte sie sehr schön und nett
sich den Balkon samt Fensterbrett.

Man ahnt der Story Ausgang schon,
es blieb nicht ewig beim Balkon.
So mancher Topf fand seinen Weg
mit Krachen auf den Bürgersteg.

Herr Hanse, der auf Schmerzen stand,
sich deshalb öfter dort befand.
Sie nannte diesen Knappen:
Topflappen.

Pfütze voll Schlaf

Des Schlaglochs tief Beschaffenheit
läuft voll bei Regen mit der Zeit
und dient so manchem Elternteil
zur Extrarunde Wäsche. Geil.

Den Kindern macht dies gar nichts aus,
verlassen sie doch stets das Haus,
um großen Spaß zu haben,
das Leben umzugraben.

Erwachsenen sind Pfützen Last
und wer einmal nicht aufgepasst
hat, wird es schnell bereuen.
Zerstört sind dann die neuen

und gut bezahlten Treter,
die doch nach jedem Meter
verlieren schon an Wert.
Meist auf dem Absatz kehrt

macht dann der Läufer gleich.
Der quietschend Sohlen Streich,
man kann auf ihnen verzichten.
Es muss die Sonne richten.

Kohlrabi-Queen

Sie liegen rund in deiner Hand,
die grünen Kohlgewächse.
Verlieren bald doch ihr Gewand.
Du bist die Häcksel-Hexe.

Gemüse in der rohen Form
dich fasziniert zurzeit enorm.
Versuch nicht, mich zu locken.
Mir ist das halt zu trocken.

Da Ausnahmen die Regel sind,
bekam ich von Kohlrabi Wind.
Auf den Geschmack gekommen,
war ich von ihm benommen.

Benommen wie von dir.
So sitzen wir nun hier
und kauen vor des Partners Ohr
uns diese große Liebe vor.

Der große Wagen

Der große Wagen,
wie soll ich es sagen,
steht im Halteverbot.
Tut im Himmel nicht Not,
könnte man meinen.
Doch zu verneinen
ist diese Frage
am Markttage.

Drohnen-Bedrohung

„Das ist doch jetzt nicht wirklich wahr",
sich dachte Dirk, das Dromedar.
Beim Trinken an des Flusses Lauf,
es schaute voller Ärger auf.

Da schwebte eine Drohne rum
und machte laut die Herde stumm,
weil alle gierig blickten,
sich in dem Klang verstrickten.

Im alten, heißen Wüstensand
trug früher jeder ein Gewand,
doch heute Tablets. Traurig.
Der Anblick war sehr schaurig.

Auch Dirk war jenes Flugobjekt
trotz Kühleffekt wohl sehr suspekt.
Als sich das Brummen näherte,
da nahm er auf die Fährte.

Verfolgend das Carbon-Gestell
bemerkte dieses zwar sehr schnell,
was Dirk im Schilde führte –
als er es schon berührte.

Der feste Biss der Lippen
begann den Plan zu kippen,
dem Tiere zu entkommen.
Dirk ist sie nicht bekommen.

Der Paradiesvogel

Er fliegt durch jedes Raster,
weil er ganz anders ist
und hat so manches Laster,
an dem man ihn nur misst.

Zu segeln nach dem Winde
hat er schon oft probiert.
Doch tief in ihm das Kinde
dagegen rebelliert.

So dreht er seine Runden
mit manchem schrillen Streich.
Das Glück in sich gefunden.
Nun tut es ihm doch gleich.

Bayreuth bereut

Wer heftig schwitzt bei Wagners Blech,
der hat in Bayreuth meistens Pech.
Die Kleiderordnung sieht dort vor,
dass Männern frei bleibt nur das Ohr.

Der Rest in Frack und Fliege.
Das Schicksal von der Wiege
zum Manne auf dem Sitze
ist eine große Hitze.

Nun ist das Haus auch noch so alt,
dass man das Klima mit Gewalt
bedingt nur kann verändern.
Manch Gast aus fernen Ländern

mag das wohl gar nicht stören.
Doch das entspannte Hören
wird wahrlich unerhört,
wenn dann ein Sänger rört

für Stunden nach dem Grale.
Zum dreitausendsten Male.
Wird er ihn wohl erlangen?
Vom klugen Klang gefangen

und rutschend durch den Sitz aus Holz,
verliert manch feiner Herr den Stolz.
Die Hose auf in Dunkelheit.
Man sagt ja: Macht die Tore weit.

500 Gramm Kirschen

Den Renteneintritt, lang ersehnt,
zu dem das Portemonnaie sich dehnt,
hat Gundel gut bestritten.
Entgegen aller Sitten

war sie noch kerngesund.
Die Lösung? In den Mund
kam ihr nur das Gemüse.
Sie mied der Früchte Süße.

Des Enkelsohnes Zunge fein
lud sie zu neuen Ufern ein.
Es war beim Metzger Brand:
Ein gelber Kirschen-Stand

mit prall gefüllten Schalen,
der stellte sie vor Wahlen.
Sie kaufte drei für einen Schein
und biss in eine Kirsche rein.

Ein Knacken, das nach Krone klang,
erschaudern ließ die Straße lang,
gefolgt von einem Husten.
Es half kein wildes Pusten

und Drücken auf die Brust.
Sie starb an ihrer Lust,
das Neue zu entdecken.
Erstickt im Glanz der Hecken.

Wandhaken

Bei großem Lärm sehr festgeschraubt
bist du vor Jahren wohl ertaubt,
doch hängst seitdem dort drüben.
Ich sollte es noch üben

zu werfen meine Jacke
auf deine schmale Zacke
wie in den alten Streifen.
So muss ich runter greifen

nicht selten auf den Boden
zu fragwürdigen Moden.
Erhängt ist nicht erlöst.
Des Werfers Herz erböst

der Griff zum grauen Grund.
Dort sitzt ein kleiner Hund.
Ich fahre ihm durchs Fell.
Da wird es draußen hell.

Teleshopping

So mancher Flop läuft hier sehr top.
Im wunderschönen Teleshop
sind Schnäppchen fast die Regel.
Ein blaues Sonnensegel

nimmt mir die freie Sicht.
Drum kaufe ich es nicht.
Hält wohl nicht ab die Sonne
doch auf sich in der Tonne.

Für 50 € könnt es sein
nebst einer Tasche morgen mein.
Ich halte still und lausche,
verfallend diesem Rausche.

Des Schmutzentferners fester Wisch,
gekonnt gezeigt auf einem Tisch,
lässt mich verzweifelt stutzen.
Wer durfte ihn verschmutzen?

Und auch des Bodens Schweinerei
fügt mir die schlimmsten Schmerzen bei.
Wem fiel das Müsli runter?
Das wird ja immer bunter.

Der Fleck des roten Weines rund,
er machte manchen Finger wund.
Hier wird er so vernichtet,
dass keiner ihn mehr sichtet.

Nach diesem für mich großen Schreck
ist es vorbei mit all dem Dreck.
Ein Fahrrad mit Pedalen
stellt jetzt vor harte Wahlen.

Ich schalte zum Call-in-TV
und weiß es heute ganz genau.
Die Zeit in Leitung drei?
Kommt nimmermehr herbei.

Die Reise zum Mittelpunkt der Pferde

Beim Pferderennen manchen Lohn
verdiente sich einst ein Baron.
Er wählte stets den fetten
Gaul aus, um dann zu wetten

auf dessen großen Siege.
Besuchte seit der Wiege
die sündhaft teuren Rennen,
die manche Schande nennen.

Es wundert zwar, doch ist gewiss:
Der Dicke hatte solchen Biss,
dass er bei vielen Rennen
sich durfte Sieger nennen.

Dies ging für viele Jahre gut
und der Baron mit schwarzem Hut
erwarb so manche Kleider.
Dazu noch viele Neider.

Bei einem Rennen im April
stand plötzlich ihm das Herze still,
dem dicken Siegergaul.
Da war doch etwas faul.

In großer Angst um seinen Lohn
verordnete dann der Baron
für jenen Gaul die Obduktion
und erntete so manchen Hohn.

Nach einem wohl gesetzten Schnitt
gab dem Baron der Tierarzt mit:
„Er starb an Lampenfieber"
Da brach der Reiche nieder.

Der Unglückssegler

Ein ferngesteuert Segelschiff
fand im verdreckten Bach sein Riff.
Es war zwar nur ein Steinchen,
doch als die zarten Beinchen

des aufgewühlten Jungen
den Plastikrumpf umschlungen,
da klaffte dort ein Krater.
Er rief nach seinem Pater,

der ihm das Schifflein schenkte
und selber gerne lenkte.
Nur damit war es jetzt vorbei
durch dieses Steines Meuterei.

Nun fehlt der Sage die Moral.
Vielleicht ist sie, dass manche Qual
ist sicher zu umlenken?
Man muss nach vorne denken.

Kaugummiautomat

Sie hat die Münzen schon parat.
Er schaut sie an, der Automat.
Im linken Fach die Süßigkeit,
im rechten suchen Flummis Streit.

Sie wählt zuerst das Süße,
bestellt dann trotzdem Grüße
den Kugeln, sich am raufen:
„Ich werd euch morgen kaufen"

Karamell-Karambolage

Die Liebe im Geschwisterbund,
sie endet mit der Hand im Mund.
Dass Teilen löblich ist,
so mancher dann vergisst.

Dies kommt zumeist bei Süßem vor,
kaum auf dem Tisch erklingt ein Chor
aus gierig schreiend Mündern,
den Vorrat schnell zu plündern.

Auch dieses Mal ging es sehr schnell,
die ganze Tüte Karamell-
bonbons war leer wie Worte.
Das Los der Lieblingssorte.

Westernheftchen

Ein junger Bub in Cowboykluft
erschnupperte den Druckerduft
in frisch gekauften Heftchen
und schlürfte laut ein Säftchen.

Nun mag dem Pädagogen
die Szene ungelogen
ein Dorn im Auge sein.
Die Antwort lautet: Nein.

Wenn er auch Goethe nicht studiert,
hat er sich trotzdem nicht geziert,
zum Lesestoff zu greifen,
durch seine Welt zu schweifen.

Es wird gesagt den Jungen nach,
dass sie der Eltern große Schmach
mit ihren Handys wären.
Man sollte sie aufklären.

Insel des Vergessens

Da lag ein Pfannekuchen.
Ich war bereit zu suchen
den Weg aus der Geschlossenen,
doch fand nur den Zerflossenen.

Ich träumte nicht, lag dort
an diesem falschen Ort
das Teig-Teil auf der Straße?
Bei seinem großen Maße

wohl schwerlich zu verdauen.
Ich zähmte meine Klauen
und ließ den Runden liegen.
Beim um die Ecke Biegen

hielt ich es nicht mehr aus.
Den bunten Blumenstrauß
gab mir die Fantasie.
Ich traute dieser nie.

An jenen Ort zurückgekehrt
war klar, ich lag da nicht verkehrt,
denn er lag nicht mehr rum.
Die Vögel waren stumm.

Lampenschirm

Was früher einmal Sperrmüll hieß,
ist das, auf was sie gestern stieß
vor einem hübschen Altbau
als Fußgänger im Stadtstau.

Als wären Menschen nicht genug,
kam dann der Regen noch zum Zug.
Sie wurde langsam wild,
da sah sie kurz ein Schild.

Es sagte „zu verschenken".
Wie nett, sie zu bedenken.
Doch förderte das Konvolut
der Dinge dort nicht ihren Mut.

Ein Brett von dem Regale
mit Bärchenmüslischale,
zwei Hemden und ein Buch
samt Seidentaschentuch.

Wem scheint das ungewöhnlich,
dem rate ich versöhnlich:
Geh einmal um die Ecke,
da liegt die nächste Decke.

Ein Arsenal an Gläsern, Prost,
klemmt unter einem Lattenrost,
dem schon drei Latten fehlen.
Sie konnte nicht verhehlen

die Abscheu vor dem Brauche
statt Sträußen manchen Strauche
zu pferchen vor den Türen.
Ganz ohne Müllgebühren.

Der anhaltende Regenguss,
er machte mit dem Urteil Schluss,
denn vor der Dame nasser Stirn
erhob sich bald ein Lampenschirm.

So stolz und stilsicher wie sie
trug ich den Regenschreck noch nie.
Dann ging sie um die Ecke.
Was ich dort bald entdecke?

Kokett per Kokosnuss

Die Schalen einer Kokosnuss
sind, was ein Weibchen tragen muss
beim Tanze der Karibik.
Beschloss man einst beliebig.

Nun ist ein halbes Rund aus Holz
nicht jeder Tochter Mutter Stolz.
Denn leider, zugegeben:
Die Männeraugen kleben

an ihnen so wie Sesamöl,
das unter lautstarkem Gegröl
den Pöbel schweißt zusammen.
Die Ellenbogen rammen

sie sich in ihre Rücken,
wenn sich die Damen bücken
und dabei so entzücken,
dass alle näher rücken.

Mir geht der linken Dame Zopf
bei diesem Tanz nicht aus dem Kopf.
Warum hat sie statt offen
nur diese Wahl getroffen?

Sie sticht aus allen Frauen raus,
es scheint zu sein nur mir ein Graus
und doch die große Freude.
Es tobt die ganze Meute,

als ihr gewährt wird noch ein Blick
auf manches gut gebräunt Genick
und die gefüllten Schalen.
Hier sprechen doch die Zahlen.

An Brüsten hat dort jede zwei,
die Haare offen tragen drei,
zum Zopf gemacht nur sie.
Vom Fakt zur Fantasie.

Sandwich-Inseln

Zwischen den Rapsöl-Pinseln
liegen die Sandwich-Inseln,
zischend und heiß.
Kaum einer weiß,

wie jene Maschinen
Studierenden dienen,
bei Nacht nicht zu hungern,
wenn sie einsam lungern

um Kühlschränke dürftig gefüllt.
Wird noch ein Stück Käse enthüllt,
gerät es zumeist zwischen Scheiben.
Getoastet, um auch dort zu bleiben.

Nun lenkt auch der Trend zum Veganen
die Tradition in neue Bahnen.
Die Botschaft bleibt doch immer gleich:
Den Deckel drauf auf einen Streich.

Von Nährwerten ganz abgesehen
die Teile zur Freude zergehen
auf mancher so einsamen Zunge.
Viel besser als Rauchen auf Lunge.

Konferenz der Gartenstühle

Sie hatten einen sitzen.
Beeindruckt von den Blitzen
sich fragte nun die Runde
in des Gewitters Stunde:

Wie konnte es geschehen,
dass sie hier draußen stehen
und drinnen voller Stolz
die Damen? Ebenholz

ist schöner als Metall.
Es war ein schwerer Fall,
mit Worten nicht zu lösen.
Die Stimmung einzuflößen?

Es floss wohl nur das Wasser.
Nein, fiel den Stühlen krasser
als Schnee auf ihre Beine.
Schweine.

Klappmülleimer

Sie zieren in dem Zugabteil
die Wand und riechen immer geil.
Für Bier liebende Bolde.
Da schleicht sich eine Holde

sehr leise ins Abteil
und drückt im Winkel steil
ein Fläschchen in den Kasten.
Es weilt nicht lang, schon hasten

von gegenüber Herren
heran, die gierig zerren
an den Behälters Klappe,
zu wühlen sich durch Pappe

und auch Bananenschalen.
Den Scham besiegen Qualen.
Das Geld, es liegt hier rum.
Die Frau und ich? Sehr stumm.

Jumpsuit

Hat sich getraut, es zu wagen.
Den Jumpsuit zu tragen.
Nicht draußen, daheim,
wo Selbstzweifels Keim

so sprießt wie die Kresse.
Dem Kopf in die Fresse
schlug sie für das Bangen.
Die Kleider, sie hangen

dort neben den Hosen,
bestickt mit den Rosen
statt Tönen von Blau.
Und doch gab es Stau.

Manch schöne Klamotte
zerstörte die Motte,
die klassische nur der Asphalt.
Sie hatten sie noch in Gewalt.

Die Worte und Blicke,
sehr dumpf im Genicke.
Geprägt von dem Lose:
Die Hose.

Die pinkelnde Braut

Ich sah sie einst im Schnellimbiss
und hatte wirklich großen Schiss,
denn dort auf der Toilette
wir pissten um die Wette.

Ihr fein besticktes, weißes Kleid
war für den schmalen Raum zu breit.
Pissoirs in Reih und Glied,
die man als Frau sonst mied.

Nur dieser schien dies wahrlich gleich.
Mit einem Mal ich wurde bleich.
Da spross ein Strahl, so wohl gelenkt,
wie man es nur von Männern denkt.

Mein eigener ging an die Wand,
Wer steckte unter dem Gewand?
Ich wagte es und hob den Kopf,
erblickte hinter ihrem Zopf

die Züge eines Mannes.
An den Fliesen rann es.
Dreckig, nicht versaut.
Botschaft klar: Be proud!

Die Romantik

Es war zur Abendstunde
das Glück in ihrem Munde.
Die Schuhe an, dann Schubert.
Durch manchen Satz gerudert,
den Taktstock anvisierend,
mit Blicken penetrierend.
Das Heidenröslein hörend
und sich am Husten störend,
dann heim und schließlich heiser.
Romantik geht auch leiser.

Handddesinfektionsfläschchen

Gefahren lauern überall,
man schwingt das Messer, hört den Knall,
doch mancher größter Todesstar
verweilt für Augen unsichtbar.

Sie reden von Bakterien,
die machen niemals Ferien,
sind ständig auf Verbreitung aus.
Ganz sicher ist man nur zuhaus.

Doch die hässlich-grässlich Not
bringt ein Produkt für sie ins Lot.
Ein Fläschchen voller Alkohol.
Mich dünkt, sie trinken das auch wohl.

Wer wachsam durch die Straßen sieht,
der merkt, was dort am Tag geschieht.
Konnte Blicke oft erhaschen
auf die Flaschen an den Taschen

baumelnd und bereit zu schützen.
Manche tragen kleine Mützen,
selbstgehäkelt selbstverständlich.
Ja, das Leben, es ist endlich.

Mag auch manche Haltestange
eines Busses machen bange
den Dermatologen:
Zehnmal rausgezogen,

mehrfach aufgetragen
und an sieben Tagen
ist das einfach Wahn.
So, da kommt die Bahn.

Zeit zu schreiben

Da ist die Zeit zu schreiben.
Wo die Gedanken bleiben?
Die Frage ist berechtigt,
hab ich mich doch verdächtigt,

zu haben nichts zu sagen.
Sich an den Stift zu wagen
ganz ohne einen Sinn?
Es juckt dabei das Kinn

aus Scham ob dieser Schande,
dass dann in dem Gewande
des lyrischen Ergusses,
meist mangels eines Kusses,

ein Textchen fein entsteht,
in dem es darum geht,
dass es von gar nichts handelt.
Und doch sich so verwandelt,

dem Schreiber zu gefallen,
der mit gar müden Krallen
den starren Stift umfasst
und Stunden so verprasst.

Faust

Sie liest, das Haar zerzaust,
in meiner Küche Faust.
Ich glaube nicht, dass ihr gefällt,
was sie da in den Händen hält.
Doch halt, ihr Haar.
So wunderbar.
So wundersam,
in ihrem Gram
legt sie das Buch beiseite.
Ihr Blick schweift in die Weite
des Raumes, wo ich stehe
und langsam zu ihr gehe.
Für sie ist klar,
ich bin verrückt.
Bin sehr entzückt
von ihrem Haar
zerzaust
in meiner Faust.

Oper-Rettich

In feinen Häusern speist man fein,
weshalb es mag besonders sein,
dass Rettich angeboten war
im Opernhäuschen an der Saar.

Sah seltsam saftig aus.
Der delikate Schmaus
ist hier die Tradition
seit vielen Jahren schon.

Bereue es, ach, hätt ich
den frischen Oper-Rettich
zum Figaro verspeist.
Und wer Sarastro preist,

auch gern auf ihn verweist,
zu stillen lauten Hunger
bei quälendem Gelunger
im Schwarz der Seitenbühne.

Abgeschrieben

Nun, sich selber lieben
ist durchtrieben.
Zwischen Zweifeln und Zorn
der schmerzende Dorn
sticht. Bricht nicht.
Wicht, wer Böses denkt,
lenkt und kränkt.
Die Wut im Mut
tut gut.

Mein Sack

Über ihrem Kopf
ist er Zuhause.
Nahm ihr erst den Verstand,
dann die Luft.
In der Gruft
heult sie stumm.
Trockene Tränen
von Hyänen
sind Salz.
Auf die Balz!

Ideen los

Ideen wird man los sehr gut
beim Schreiben, wirft sie in den Hut
wie an der Straßenecke
dem Herren auf der Decke.

Auch Hunden gilt manch hartes Rund.
Man hofft, sie nehmen in den Mund
die edlen Spenden spärlich.
Sie wären sehr gefährlich.

So ist die Mitleidsnummer
ein Mittel gegen Kummer
der kummerlosen Bürger
und Burger-Burgen-Würger.

Ideen wird man los sehr gut
beim Schreiben, hat man nur den Mut,
sie nicht zurückzuhalten
so wie manch alten Köter

vom alten Schwerenöter,
der zwischen den Gestalten
des starren Shoppingrudels
erschrickt den Geist des Pudels.

Drehmoment

Des Herdes kalte Platten
ich werde nun begatten
mit Wärme und auch Hitze.
Ich treib es auf die Spitze

und drehe auf die Acht,
kurz an die Zehn gedacht,
den Plan doch gleich zerstörend.
Das Flehen nicht erhörend

der Platten nach mehr Hitze.
Weil ich am Hebel sitze,
will ich mal nicht so sein.
Häng mich ins Drehen rein,

die Zehn so zu erreichen
und dadurch zu erweichen
mal wieder vor dem Willen.
Das laute Leid der Stillen.

Pancakes

Zeig
mir den Teig!
Flup,
Ahornsirup
zwischen den Fingern.
Zischend erhärtend.
Am Herd rennt
die Zeit, pennt
man auch länger.
Mit sich selbst strenger
den Tage erwartend.

Instantkaffee

Wie rührend
ich da stehe.
Verführend,
wie ich drehe
das Messer.
Löffel? Dreckig.
Geht nicht besser,
doch nicht schlechter
wie ein echter
Löffel. Eckig
sind die Augen,
die ihn saugen.
Den Instantkaffee.

Ins Stocken geraten

Ins Stocken geraten
sind die Eier.
Zahnräder im Morgenmantel.

In Socken erraten,
was wird heut? Zum Geier!
Zahnbürsten werden zur Hantel.

Im Hocken Primaten
sich die Schuhe nie banden.
Ob sie das Glück trotzdem fanden?
Muss zocken und im Dunkeln waten.

Bahnhofsschließfächer

Verborgen vor des Bahnhofs Hast
verbergen sie so manche Last.
Der Reisende, den Zug verpasst,
hat sie mit müden Blick erfasst.

Des Koffers Knattern im Gepäck
geht er zu dem Gepäck-Versteck.
Dort ist so manches Fach belegt,
weshalb er fast den Plan erwägt,

zu geben auf das Ziele,
in einer stählern Diele
den Koffer zu verräumen,
um dann im Park zu träumen,

bis mal der Zug fährt ein.
Die gute Flasche Wein
soll keine Pein erleiden.
Er findet noch die beiden

letzten Fächer, unbenutzt.
Übelriechend, stark verschmutzt.
Doch in einem, welch ein Schreck,
liegt ein Rucksack noch im Dreck.

Müde blickt der Mann sich um.
In dem Lärme wird es stumm.
Alles voll und keiner da.
Bis ein zarter Duft von Rum

reißt ihn aus des Tages Traum.
Hinter ihm eines Mannesbaum
mit Flyern wild erzählt:
„Der Terror ist gewählt."

Und während er noch drüber stutzt,
greift dort ein Mädchen, selbst verschmutzt,
den Rucksack sich und schwindet.
Was man so draußen findet.

Auf dem Flohmarkt

Das Handeln ist des Flohmarkts Brauch,
doch nervt es manchen Käufer auch,
der gänzlich einverstanden ist
mit einem Preis. Meist angepisst

ist dann der Händler, so genannt,
weil er genau so ist gespannt,
für welche Summe manches Stück
am Ende wird ein Flohmarktglück.

Ich falle negativ oft auf.
Wenn ich über den Flohmarkt lauf,
dann checke ich die Preisschilder
und stimmt mich dann ein Preis milder,

so zahle ich ihn auch.
Das ist vielleicht kein Brauch,
doch Werte gut zu schätzen
ersetzt das Handel-Hetzen.

Hummer gegen Kummer

Wütend brüllte Lucy-Mandy
in ihr weißes Apfel-Handy
mit der rosaroten Hülle.
Führte aus in aller Fülle

ihrem Vater, dass die Zwei
kam als Note nur herbei.
In der Wirtschaftsrechtklausur
war der Prüfer wirklich stur.

Oder einfach nur gerecht.
Doch wie wagte es der Hecht,
ihr, der Frau von Weidenstein,
zu geben diese Note.

Ein lud sie deshalb der Vater
ins „Restaurant am Krater".
So hieß „Der Mond" bei ihnen.
Der Clan ließ sich bedienen

seit Jahren in dem Schuppen.
Ein Paradies mit Schuppen
von Meerestierchenarten.
Auf ihren Hummer warten

wollt Töchterchen nicht lange.
Dem Küchenchef war dies bekannt,
er kam persönlich dann gerannt
und hielt sie bei der Stange.

Hände hoch

Die Parkbank ist beliebt als Platz
im Sommer für den schweinisch Schwatz.
So wechselt man dort manchen Satz
mit einem Feind und auch dem Schatz.

Im festen Abstand aufgestellt
erfreuen Bänke alle Welt.
Man hält und hört, die Hast
wird hier bewusst verpasst.

Auf meiner Suche nach dem Ort
zu setzen schroffe Schriften fort
erblicke ich die beiden,
die ohne Lärmes Leiden

sich lebhaft unterhalten.
Wie sie das so gestalten?
Sie reden mit den Händen,
geschützt vor jenen Wänden

aus Rap und Rüpeleien.
Des Hörens mächtig nicht zu sein,
macht dich im Trubel wohl sehr klein,
lässt Zweisamkeit gedeihen.

Schlägertypen

Es spielte Rüpel-Rentner Rolf
mit großer Freude Minigolf
und steckte im Gemeinschaftsraum
die Leute an. Es war sein Traum,

mit allen Golf zu spielen,
weshalb sie alsbald fielen
mit Reisebussen ein
ins Golfplätzchen am Rhein.

Dass Wandern ist des Müllers Lust,
erfuhren Fahrer voller Frust.
Die Lieder, stundenlang.
Man zog an einem Strang.

Die Gruppen einzuteilen,
man musste sich beeilen,
denn nur zwei Stunden an der Zahl
war Zeit für diese Freizeitqual.

Es ging für paar Minuten gut,
man schlug so manchen Ball mit Mut,
doch wie es meistens dann passiert
ist dieser Ausflug eskaliert.

Weil Gundel gleich mit einem Schlag
beförderte den Sieg zu Tag,
war Hertha stinkend sauer,
stieß Gundel an die Mauer.

Es fielen nicht nur sie und Klaus,
sondern auch Worte. Welch ein Graus.
Man warf sich vor, den Käsekuchen
schlecht zu backen. Dieses Fluchen

weckte alle Gruppen auf.
Solchen aufgebrachten Lauf
kein Platzwart konnte stoppen.
Rentner, schwer zu toppen.

Adamsapfelringe

Dass Kannibalen Mandelmilch
gern mögen, das weiß mancher Knilch.
Ich schrieb davon im ersten Band,
doch hört, was ich heraus noch fand.

Adamsapfelringe lieben
sie, die mit Gewalt es trieben,
Menschen sich einzuverleiben.
Hungrig will ja keiner bleiben.

Jetzt entdeckte ich das Treiben
nicht nur bei der Rachen Mandeln,
da mit Adamsäpfeln handeln
sie, die sich im Park rumtreiben,

um die Menschen anzufallen.
Finden sie dann mal Gefallen,
ist es um den Hals geschehen.
Schwer wird es zu widerstehen

mancher Männer Kehlenhebung.
Hoffend einmal auf Vergebung
werden Ringe fein geschnitten,
um zum Tanz und Tisch zu bitten.

Die Meerjungfrau

Was tummelt sich im tiefen Meer,
ist zu erfassen gänzlich schwer.
So werden die Legenden
die Menschheit lang nicht enden.

Ein Wesen kennt man sehr genau:
Es ist das einer Meerjungfrau,
dies Weibchen mit dem Flossenschwanz,
dem meist verfällt ein Seemann ganz.

Auch Fischer, so schrieb Goethe,
sie kamen oft in Nöte
beim Anblick der Bildschönen.
Sie mussten dafür löhnen

mit einem grausam Tode.
Doch höret diese Ode,
von der ich nun berichte
in einem kurz Gedichte.

Ein Fischer saß am Strande
und stellte vor die Lande
sich hinter jenen Wellen.
Er konnte sich vorstellen,

was mochte auf ihn warten.
Besonders all die zarten
und zärtlich küssend Damen,
die niemals zu ihm kamen.

Wie es in Sagen dieser Art
so ist, erwischte ihn dann hart
der Auftritt einer Meergestalt.
Sie bot ihm an, fast mit Gewalt,

ins Paradies zu kommen.
Von ihrem Glanz benommen,
er war sogleich betört.
Doch hatte er gehört

erst kürzlich von der App,
in der die Frauen nett
für Treffen sich anbieten.
Es gab dort viele Nieten,

doch just im Augenblicke
erschien dort eine Schicke
auf seinem Handy schön.
Es blies der warme Föhn.

Vom Desinteresse sehr erzürnt,
ist dann die Meerjungfrau getürmt.
Mit der Internet-Erscheinung
war der Fischer sehr der Meinung,

endlich haben zu gefunden
eine Frau, die könnte munden.
Kurz gesagt: Es ging dann schief.
Er bereute es zutiefst,

dass er jenes Meeres Wesen
ist nicht gleich schon treu gewesen.
Heute noch fischt er allein.
Trüb, das Wasser und sein Sein.

Kameraassistenz

Es scheint zu sein das Ziel der Welt,
dass man von sich die Fotos stellt,
natürlich ganz natürlich-nett,
ins worldwide-weite Internet.

Ob Reisen, Outfits oder Essen:
Voller Stolz wird Stolz vergessen,
denn die Nachwelt soll erfahren,
dass es schöne Leben waren.

Wenn die Selfies nicht mehr reichen,
muss ein Zweiter sich erweichen
lassen, der die Linse hält,
welcher dann ins Auge fällt,

was man gerne zeigen will.
Manche Pose zeugt von Stil
eher nicht, denn leicht senil
hält man dann die Handys still.

Ist die Dame abzulichten,
meist ein Herr erfüllt die Pflichten
des modernen Liebeslebens.
Widerstand wär hier vergebens.

Wie der Opa einst beim Bund
springt der Mann ihr nach dem Mund.
Unterm Mond, bei Glanz und Glory.
Fertig ist die Liebes-Story.

Zigarren-Karre

Es quietschten an dem Zebrastreifen
sehr spontan die alten Reifen
eines roten Cabrios.
Ich blieb locker und lief los.

Doch ich kam gefühlt nicht an,
denn er zog mich in den Bann,
dieser Wagen.
Wie aus Tagen

alter krimineller Streifen,
wo die Kommissare steifen
Tätern auf den Fersen sind,
fassen sie mit List geschwind.

Nur, in diesem schönen Wagen
sitzt in diesen neuen Tagen
meist ein Rentnerehepaar
und kein großer Fernsehstar.

Fast schon in der Leichenstarre
wird gelenkt die alte Karre
ohne Trenchcoat und Zigarre.
Alte Zeit, bleib stehen, harre!

Flaschenzug

Aufgereiht in Reih und Glied,
weil den Weg zum Müll man mied,
stehen Flaschen leer. Doch Wein
lud hier einst zum Weilen ein.

Manche feinen Etiketten
zeugen treu von all den netten
Stunden, meist zu zweit.
Brach, brisant und breit.

Hälse, wieder gut verstopft,
für die Sammlung abgetropft.
Weiß- und Rotwein, grüne Flaschen
leeren dem Genießer Taschen.

Nun ein neues Exemplar
macht die Sammlung nochmals reicher,
als im Hintergrund ein Streicher
qualvoll Bruckner spielt. Es war

ihr Lieblingsstück gewesen.
Da starte ich zu lesen:
Stets kühl und trocken lagern.
Die Lust, sich abzumagern.

Uhrzeigersinnlichkeit

Das Ehemännlein kommt bald heim,
erstickt durch Zeitdruck so den Keim
der angebrochen Wolleslust
der Liebenden im Liebesfrust.

In Filmen gibt es, Gott sei Dank,
meist einen großen Kleiderschrank,
der notfalls als Verstecke
erfüllt den schlechten Zwecke.

Doch von der Sofagarnitur
aus, da vermisse ich ihn nur.
Der Schrankwand Fächer sind zu klein,
sie bergen Whiskey und auch Wein.

Ganz oben drauf: ein Wecker.
Er zieht uns bald den Stecker
im tröstend Turtel-Taumel.
So laut wie das Gebaumel

von Opas Pendeluhren,
die einst in allen Fluren
der Zeiten Lauf anpriesen.
Die Zeit, nicht zu genießen.

Duftkerzen

Es streift durch die Stille
der Duftkerzen Duft
von Brombeer-Vanille.
Ein Marketing-Schuft,

wer solch eine Sorte
mit passendem Worte
sich zog aus den Fingern.
Aromen verringern

dem Riecher das Leiden,
der will zwischen beiden
Gerüchen vergehen.
Die Schwaden, sie stehen

wie Smog in der Luft.
So duftet die Gruft
am Regenbogenende.
Gewärmt sind doch die Hände.

Sophokles und die Tragödien

Nun hört man so von Sophokles,
dass er wohl hatte großen Stress.
Er musste eifrig schreiben,
um im Gespräch zu bleiben.

Dem Publikum sympathisch
er wurde sehr dramatisch.
Doch was zuhause ist passiert,
davon nur selten wird zitiert.

Es trug sich einen Morgens zu,
als sich der Dichter einst im Nu
das Frühstück machen wollte.
Dass er es lassen sollte,

die Frau hat stets befohlen,
denn auf den dicken Sohlen
er stellte an sich dumm.
So blieb es auch nicht stumm,

als er ein Huhn, noch nicht gerupft,
bereits in Soße tief getupft,
mal hielt über das Feuer.
Er zahlte dafür teuer.

Es kam in ganz Athen zum Brand,
denn jenes Federtiers Gewand
erhellte alle Straßen.
Mit Dichtern? Nicht zu spaßen.

Bronzezeit

Das Kleingeld sammelt sich so an
bei dem, der zahlt gern bar. Doch dann
sich häuft der Münzen Menge.
Um nicht über die Strenge

zu schlagen, wird der Weg zur Bank
gar unausweichlich. Dort zum Dank
nimmt man den Schatz gar höflich hin.
Wozu ich hergekommen bin,

macht ihnen Arbeit, ist schon klar,
weil ich beim Zahlen klassisch war.
Mit Karten nur zu blechen,
wird sich wohl einmal rächen.

So mag ihr praktischer Aspekt
mich schmeicheln, dennoch sehr suspekt
ist mir die Faulheit, die verführt,
bei dem, der niemals Geld berührt,

es nur noch von dem Display kennt
und seine Endlichkeit verpennt.
Wer muss für neues Geld zur Bank,
geht öfter raus und wird nicht krank.

Schokoladenaufstrich

Das große Glück,
in Glas gefasst,
wird oft gehasst.
Manch Zuckerstück

weilt dort versteckt,
doch wer verreckt
im Alltagstrott,
der macht sich flott

den Toast, beschmiert
und reich verziert
mit diesem braunen
Staunen. Launen

steigen dort, wo sie erlegen.
Deinetwegen.
Lässt mich nicht im Stich.
Schokoladenaufstrich.

Briefkasten-Fasten

Ich schreib dir nicht
und schreib dir doch.
Es ist kein Brief
mit Marke.

Nur dies Gedicht
in meinem Loch
von Frust sehr tief.
Du Starke

erhältst die Sicht,
verwehrst mir noch
den großen Beef.
Autarke.

Seitenschläfer

Ich bin wohl wieder eingenickt,
in der Erschöpfung eingeknickt,
die Zeilen zu erfassen,
um sie dann zu verpassen.

Bei Müdigkeit wird aus dem Buch
beim Blättern immer mehr ein Fluch
mit jeder neuen Seite,
die mir in aller Breite

das Neue könnte lehren.
Man wird es mir verwehren,
denn stark geschwächt vom Alten
kann ich mich nicht mehr halten.

So sacke ich zusammen.
Die schweren Finger rammen
den Band mir in den Schoß.
Was soll das Leben bloß?

Kirschkernkissen

Ich hör in der Ferne
die Kerne.
Vom Kissen
aus hissen

sie Schallsegel.
Der Pegel
steigt.
Vergeigt

die Ruhe,
die Schatztruhe
von heute.
Beute.

Verdammt, verflucht

Zu sprechen schwere Flüche aus
ist Tagwerk stets im Hexenhaus.
Bekommt die Böse mal Besuch,
gibt es als Gastgeschenk den Fluch.

Er hält wohl hundert Jahre an.
So litt ein Leben lang ein Mann
und auch die Weibchen, schwer belegt
mit Flüchen. Sichtlich aufgeregt

war einst jedoch des Schicksals Braut,
als sich ein Ritter hergetraut,
den Schlafplatz auszumachen.
Gelockt von ihrem Lachen.

Des edlen Knaben Rüstungsglanz
ließ denken sie an seinen Ruhm.
Da kam sie durcheinander gar
beim Wählen aus der Flücheschar.

Erwischte schlicht den falschen Ton
und erntete sogleich den Hohn.
Zur Magd verzaubert, gut betucht,
sie dachte sich: „Verdammt, verflucht."

Sprengstoff

Sehr lange war das Stricken
der Hausfrau täglich Brot.
Die Frauen heute klicken.
Aus Lust, nicht nur aus Not.

So war Marie mit dreißig gar
für diese Zeiten sonderbar.
Zu denken an den Master,
war durchweg ein Desaster.

Den Bachelor schwer eingesteckt,
ist sie zuhause angeeckt.
Sie liebte ihre tolle
und farbenfrohe Wolle.

Ob Topflappen, ob Teddybär:
Kein weiches Stück war ihr zu schwer.
Sie schwang mit Freude Nadeln.
Doch da begann zu tadeln

sie ihre Mutter scharf.
Sah sie doch den Bedarf
an fähigen Juristinnen,
die mit ihrem Beruf binnen

Sekunden klar schnell machen:
Du hast hier einen Drachen
und keinen Haushund sitzen
mit milchgefüllten Zitzen.

Marie war außer sich vor Wut,
war sie doch stets im Stricken gut.
Das Häkeln hatte Haken.
Und schütteln alte Laken?

Das geht doch klar,
wenn auch ihr Star,
der Herr zu ihrer Rechten,
gern strickt. Sie liebte Fechten.

Aufwachraum

Wer nach dem Schlaf aus seinem Traum
erwacht, der ist im Aufwachraum.
Wo dieser liegt, sich richtet nach
dem Ort, wo man im Schlaf lag brach.

Im Zimmer, unterm Himmel:
Das grässliche Gebimmel
des Weckers überall
bringt Träume schwer zu Fall.

Vom Tode noch einmal verschont,
nimmt man das Leben wie gewohnt.
Die Füße aus dem Bett.
Die Kleidung an. Wie nett.

Und raus in diese Welt,
die alles für uns hält
bereit. Doch uns auch aus.
Verlassend schon das Haus,

will man doch gar zurück
in seinen Aufwachraum.
Wo liegt des Lebens Traum,
weilt Wirklichkeit verrückt.

Kapitulationserklärung

Du sagst mir, dass ich niemals sag,
dass ich dich liebe. Jeden Tag
versuch ich es zu zeigen,
um alles zu vergeigen.

Ist es ein Wort, fehlt dir der Strauß.
Ist es ein Strauß, fehlt dir mein Wort.
Das traute Heim wird schnell zum Hort,
der große Schmaus zum Graus.

So leg ich dir ein Schriftstück vor,
das ich zur Sicherheit noch flor-
al habe schön verziert.
Mich dabei erst geziert,

fragil in jener Männlichkeit
der lang ersehnten Zweisamkeit.
Du schnupperst dran und liest.
Nun hör ich, wie du niest.

Lehnwort

Ich lehnte dort am alten Kai,
da kam die junge Frau herbei.
Mit Fischen in den Händen,
die sie wohl an den Ständen

der Fischer hat erworben.
Der tadellose Torben,
wie alle ihn hier nannten,
die zu dem Stande rannten,

verkaufte die Forellen
mit seinen hastig schnellen
Parolen. Dialekt,
der auch mein Ohr aufschreckt.

Den selbsternannten Schwaben
mag Norddeutsch schnell erlaben.
Erlaben wie auch sie
die feine Fantasie.

Forschungseinrichtung

Den Schimmel zu erforschen
statt zwischen all den morschen
und nassen Stämmen waten?
Man muss nur einmal raten,

dass Biologin Berta das
war für den Titel viel zu krass.
Statt diesem Wald-Gewimmel
entzückte sie der Schimmel.

Aus Dosen lange ihr bekannt,
hat sie die Chance sogleich erkannt,
den Gegenstand zu züchten.
Sie startete mit Früchten.

Die Süße? Schnell verzogen.
Tomaten, ungelogen,
sie wurden wieder grün.
Das schrieb sie auf sehr kühn.

Den Titel hat sie nicht bekommen,
doch den Berg des Ruhms erklommen.
Farben ändern sich, welch Wissen.
Gelb, des Opas Kirschkernkissen.

Einmalbecher

Dass die Systemgastronomie
ist nicht das größte Koch-Genie,
wird jeder schnell bezeugen.
Sich nach den Bechern beugen

muss oft der Herr der Stadt.
Hat er die Burger satt?
Ihn quält Verpackungsmüll,
er trägt Orange statt Tüll.

Schluckt schwer, doch nicht die Tropfen,
die fallend nochmals klopfen
pulsierend auf die Erde.
Um ihn herum die Herde

an Herdarbeit-Gehemmten,
die höchstens noch aufstemmten
das Portemonnaie zum Zahlen,
um ihre gänzlich kahlen

Mägen schwer zu mästen.
So seh ich den Durchnässten
mit völlig neuen Augen.
Beim Apfelsaft-Aussaugen.

Haargummi

Die Lage, sie war sehr vertrackt,
denn in die Haare eingepackt
statt in des Taschentuches Bahn
der Kaugummi geriet. Im Wahn

kam klein Marie dann zum Friseur
und sprang auf das Interieur.
Der Hausherr war doch sehr verdutzt
über das Haar, so schwer verschmutzt,

sah als Option nur eine Wahl:
den Kopf von vorn bis hinten kahl.
Marie, die weinte bitterlich.
Beim Schneiden das Gezitter sich

begann dann zu verschlimmern.
Er hörte an ihr Wimmern
und spuckte seinen Gummi gleich
in dieses Mädchens Flöhereich.

Denn eines hat er einst gelernt:
Das Haar, es muss authentisch sein.
Und wer das Stören nicht entfernt,
zum Gleichmachen lädt dafür ein.

Glaubensrichtungen

Touristen trafen sich am Haus,
wo rutsche die Berühmtheit raus
aus ihrer Mutter Bauch, so rund.
Man nennt das dann Geburtshaus. Wund

sprach jeder sich den Munde,
denn schon seit mancher Stunde
man suchte einen Wege
und kam sich ins Gehege.

Der Eine glaubte rechts entlang,
die Nächste lief nach links sehr lang.
Die Dritten stur geradeaus.
Und ich? Ich ging vergnügt nach Haus.

Verhaltenes Konsumverhalten

Auf Trinkgeld angewiesen sein,
erfordert fromme Gäste. Fein
und freilich groß im Geben.
Vielleicht im nächsten Leben.

Studentin Stella war frustriert,
sie hatte freundlich stets serviert
mit einem Lächeln auf der Brust.
Entblößt, man sagt, wer weckt die Lust

der Herren, kriegt noch mehr.
Das schmerzt im Grunde sehr,
doch Geld regiert nunmal die Welt
und nicht Kolumnen, die man hält

mit mahnend starken Worten,
die dann an Arbeitsorten
sogleich wieder verblassen.
Es klingeln dort die Kassen,

nicht fair, sondern fantastisch,
wo dann ein Herr am Gasttisch
den Beutel zückt zu zahlen.
Das Leben fordert Wahlen.

Der messende Optimist

Wer täglich sich den Kolben misst,
der gilt wohl als ein Optimist.
Was soll seit gestern anders sein?
Er wächst vom Wirsing nicht und Wein,

Bananen, Gurken, Hafermilch,
naiv zu sein scheint mancher Knilch.
In Hoffnung auf den Wachstumsschub
schon einer an der Skala grub,

sich selbst doch zu betrügen.
Moderne Laser lügen
nicht so wie die Maßbänder,
ob Links- oder Rechtshänder.

Wer trotzdem guter Dinge ist,
der ist und bleibt ein Optimist,
der an dem Optimalen misst
und so das Optimum vergisst.

Handverlesen

Die Hexe hat mit ihrem Besen
den Kunden aus der Hand gelesen.
Im Zelt am Jahrmarkt saß sie rum
und laß auch meine Zukunft, stumm.

Ich fragte sie, wo geht es hin?
Find ich den Weg und auch den Sinn?
Da sprach sie „Nein, du alter Besen."
Sie hat sich in der Hand verlesen.

Voll Lachen und Erklärungsnot
ging ich zum Stand mit Magenbrot,
ließ mir drei Tüten davon geben.
Ist es um meiner Zukunft Leben

wirklich gar so schlecht bestellt?
Oder werde ich der Welt
doch mehr Zeilen hinterlassen?

Der Lutscher des Kutschers

Der Pferdewagenlenker
war wahrlich nicht ein Denker.
So gab man diesem Kutscher
zum Kutschen einen Lutscher,

damit er hält die Klappe
und fährt schnell die Etappe.
Mit seinen Schmatzgeräuschen
er konnte Tiere täuschen,

die mitten auf den Wegen
begannen sich zu regen,
den Feinde stark erahnend.
Ein jeder hätte mahnend

dem Kind es unterbunden,
beim Fahren viele Stunden
dem süßen Rund zu munden.
Man hat das Glück gefunden,

denn ohne Unterbinden
man würde sich nur finden
in schrägen Dialogen.
Die Pferde? Fort sie zogen.

Deine Ration Radieschen

Dass du Radieschen gern verspeist,
ist was als schwierig sich erweist,
wenn man sie muss besorgen
und kann sie nirgends borgen.

Der Schärfe scharfer Zungentanz
den Rachen quält, denn Münzgeldglanz
ist wahrlich selten worden.
Seit wir Radieschenhorden

zu deinem Wohl herkarren
und an der Kasse starren
die Leute unentwegt,
da hat sich was bewegt.

Vom Biomüll, der grüne Rest
zieht nun hinfort mit Wind von West
tief in den hungrig Osten,
wo alle davon kosten.

Das scharfe Rund gehört doch dir,
ist es bei jedem Essen Zier
aufgrund der deinen Zungengier.
Es reicht, so glaube mir.

Nagelbettprobe

Den Blutdurchfluss zu checken
darf man die Finger necken.
So ist die Erste Hilfe gar
des großen Notfalls Rettung, klar,

kann sie nicht alles leisten.
Zertrümmert-spröde Leisten,
die sind so kaum zu retten.
Das fühlt sich an wie Betten

mit Nägeln dicht bedeckt,
auf denen keiner weckt
dich auf. Es ist der Schmerz,
spitz dringend in dein Herz.

Das Nagelbett an einer Hand
trägt oft sogar ein Lack-Gewand.
Ist es hinfort, so sieht man gleich:
Der Druck, er geht. Das Bett bleibt bleich.

Nobelpreis

Nach dem Abi Herr Nobel
eröffnete den Laden schnell
für sündhaft teure Kleider,
die jeder für die Neider

und nicht sich selber kauft.
Gerade frisch getauft,
schon tierisch eingepackt,
mit Mustern bunt gezackt.

Doch eines Tages kam ein Greis
und wollte zahlen nicht den Preis.
Er fragte: „Gibt es hier Rabatt?"
Das hatte Alfred wirklich satt.

In Herzensgüte lenkte ein
der Händler, gab den Nachlass fein.
Ja, so bekam der alte Greis
den ersten Nobelpreis.

Der Rollladenhüter

Da man den Hades schützen muss,
erfand der Mensch den Cerberos,
ein Hündchen mit drei Schädeln.
Den Tod dann einzufädeln.

Nun variiert des Eingangs Ort
zum Totenreich wohl je nach Wort,
geschrieben von Legenden.
Man kann es vielfach wenden.

Es muss wohl ein Rollladen
das Tor zum Jenseits sein.
Bewegte raus die Waden
doch einst Herr Orpheus fein.

Ein One-Way-Ticket, Rückfahrt drin,
erschließt nicht jedem gleich den Sinn.
Erregt oft die Gemüter:
der Rollladenhüter.

Körbchengrößen

Nun ist das Rund beim Basketball
ein hartes Ding auf jeden Fall.
Manch Finger brach beim Fangversuch
wohl schon einmal. Das Arzthandtuch,

als Zeichen aufzugeben,
flog dort doch nie im Leben.
Die Großen und auch Harten?
Beim Arzt nicht zu erwarten.

Doch auch da größte Mannesbild
wird mal bei kleinen Dingen wild.
Das Körbchen, klein und eng
lässt schauen sie ganz streng.

Den Treffer zu versenken
als Ziel, zerstört das Denken.
Nun kriegt man meist im Profisport
vom Hersteller des Korbs das Wort,

dass er genormt und fein justiert
die Chance auf dem Tablett serviert.
Auf Sportplätzen für Schülerspaß
nahm wohl nicht jeder immer Maß.

Zu niedrig, falscher Radius,
da macht ein feiner Meister Schluss.
So ist das mit den Körbchengrößen,
die den Herren Angst einflößen.

Paartherapie

Wenn man zusammenbleiben will,
obwohl im Bett es lange still
gewesen ist, dann gehen sie,
die Liebenden, zur Therapie.

Man schaute dort dann ziemlich dumm,
als sich das Schuhpaar schüchtern-stumm
ins Wartezimmer setzte
und schnell auch wieder hetzte,

ins Zimmer dann gerufen.
Sie scharrten mit den Hufen,
als eine junge Frau trat ein.
Die großen Ziele wurden klein,

die Scham so groß wie Fliegen.
Die Schüchternheit besiegen,
das können Therapeuten
verkehrend mit den Leuten.

„Wo drückt der Schuh?",
kam aus ihr raus.
In ihre Ruh
mischte Applaus

sich von den beiden Schuhen,
die bei Kalauern Buhen
schon immer unterlassen.
So lebt es sich gelassen.

„Mein Partner ist mir viel zu links."
„Die Partnerin ist rechts, mir stinkt's"
Die Therapeutin lachte schwer
„Nehmt doch die Mitte, die fehlt sehr."

Ohne Mitbringsel

Dass man aus fernen Orten bringt
ein Kaufobjekt, das dann verbringt
den Rest des armen Lebens
im Schrank, sucht man vergebens

in meiner Reisetasche.
Verbirgt sie doch die Flasche
so wie die Fressration
der Weltpopulation.

Die Kühlschrankmagneten
und Anhänger? Beten
wir für all die Knete,
verdampft bei der Fete.

Wenn man sich selbst hat mitgebracht,
dann ist an viele schon gedacht.
Doch anzukommen dort bei dir,
erfreut mein Herz wie ein Klavier.

Miesmuschel-Müsli

Der exklusive Morgenschmaus
beim Umweltschutz sorgt meist für Graus.
Die frischen Früchte von weit her
erzürnen manchen Schützer sehr.

Dass alles noch viel schlimmer geht,
erkennt man, wenn des Morgens steht
ein Mahnmal aus den Muscheln gar
an der gefüllten Müslibar

des Gästehauses „Mies und Muschel".
Nach des Aufstehens Gekuschel
ist dort gut zu speisen.
In die Muschel beißen,

hart und milchbefleckt.
An den Löffeln leckt
hastig jene Klasse,
der die dicke Kasse

niemals je versiegt.
Sich der Beutel biegt
von den vielen Karten.
Scheine? Diese zarten

brauchen doch nur Platz.
Schatzi und auch Schatz
werden trotzdem satt.
Zahlen später glatt.

Falsches Feuer

Es fand ein reich gefülltes Schiff
sein Ende in dem schönen Riff.
In großer Dunkelheit zerschellt.
Erfreute den Pirat von Welt.

Nun fragt man sich, wie das nur geht,
wo meistens doch ein Leuchtturm steht
am Ufer, der die Wege weist
und dank des Leuchtens Leuchtturm heißt.

Es nutzte eine Bande aus
die Gläubigkeit des Schiffes, raus-
gefahren von weit her,
um dann über das Meer

die Waren zu verbreiten.
Den Tod nun zu begleiten?
Im Logbuch nicht vermerkt.
Mit starkem Holz verstärkt

brach doch der Mast entzwei.
Die Bande kam herbei.
Sie hatte Feuer dort gelegt
am Strand. Der Wärter aufgeregt

im Leuchtturm lag verschnürt.
Das Licht gelöscht mit List.
Die Segel schnell gehisst
mit Beute. Auch verschnürt.

Endlich Kohle

Wer samstags etwas grillen will,
hält lieber nicht die Füße still
und kauft schon vorher ein.
Sonst kriegt er nur noch Schwein.

Die Kohle zum Entzünden ist
oft ausverkauft und angepisst
sieht man manch Herrchen schreiten.
Es schmerzt, zu unterbreiten,

dass jener Grill bleibt kalt.
Nicht höhere Gewalt,
die Dummheit hat gesiegt.
Ins Parkhaus einsam biegt

Herr Schaschlik deshalb ein,
mit Wut und nicht zum Wohle.
Da liegt vor ihm ein Schein.
So kommt er doch zu Kohle.

Horrorfilme

Es brachte mich um den Verstand
die neue Rolle Klebeband.
Sie war zwar günstig eingekauft,
doch meine Haare auch gerauft.

Ich fand zunächst den Anfang nicht
und setzte an schon zum Gedicht.
Mit kurzen Nägeln an den Fingern,
die die Chancen stets verringern,

filigran und fein zu wirken
pult es sich wie an den Birken,
die den Eichen gleichen. Weichen
auf mein zartes Streichen.

Eine Schere hergenommen
und das Glück sogleich erklommen
schrie ich mich vor Freude taub.
Da fiel der Film direkt in Staub.

Stevensons Schmatzinsel

Es gründete ein Schwedenschwarm
ein Freudenhaus für jeden Darm.
Auch „Restaurant" genannt, doch klingt
das in der Lyrik nur bedingt.

Was daran so besonders war?
Wer schmatzte, wurde dort zum Star.
Beim Kollektivgenuss
ist mit Manieren Schluss.

Nun zeugt es von Erziehung gut
und einem zukunftsfähig Blut,
sich weise zu benehmen.
Doch jeden Trieb zu lähmen,

macht trieblos. So das Treiben
nicht musste draußen bleiben
und wurde praktiziert.
Man hat sich nicht geniert,

ein Rülpsen intonierend
und Bröckchen gar verlierend
den Tischnachbarn zu grüßen.
Mit den entblößten Füßen

die Reste unter Tischen
zu schieben statt zu wischen.
Der Umsatz dankte es dem Mann.
Nun legt er in Monaco an.

Mal angenommen

Mal angenommen,
ich hätte das Paket angenommen,
wäre ich dann rausgekommen?
Hätte anders mich benommen?

Hätte man es früh geliefert,
wäre ich jetzt nicht geliefert.
Nun muss ich zur Post.
Im Konjunktiv-Frost.

Es fehlt noch die Moral: Im Wandel
ist zurzeit der Einzelhandel.
Einzelnes dazu dann morgen.
Sicher auch mit neuen Sorgen.

Ledig in Venedig

Dass ganz Venedig bald versinkt,
dem Kreuzfahrtkapitän sehr stinkt.
Wo fährt er dann im weiß Gewand
per Schiff das Klima an die Wand?

Das soll es schon gewesen sein
mit der Moral, doch trinkt man Wein
dort immer öfter einsam,
denn mit dem Wasser gleichsam

die Single-Rate steigt.
Der Geiger weiter geigt,
die Glocken weiter klingen.
Doch Finger mit den Ringen

sind wahrlich selten worden,
wo einst die Pärchenhorden
das zarte Glück begossen.
Bewaffnet mit den Flossen

zum Wegschwimmen bereit
aus seiner Einsamkeit
weilt mancher Diamant
als Elends Elefant

im Porzellangeschäft.
Bereit, nun voll das Heft
aus seiner Hand zu geben.
Im Aufsatz namens Leben.

Schreib das auf

Des Schreibers Hirn nicht anders kann,
wenn was passiert, macht es sich ran,
den Sachverhalt zu sichern.
Beim innerlichen Kichern

sich formen erste Worte
und Zeilen von der Sorte,
gar schmerzlich zu genießen.
Wenn herzlich aber sprießen

die Verse, klingen Sexten
von Hörnern intoniert,
die man in diesen Texten
zum Hören feinjustiert.

Nun wird nicht jeder Sinnesreiz
sofort zum Wort, ist jener Geiz
nicht immer zu verachten.
Gedanken zu verfrachten

erfordert Muse, Zeit.
Doch steht sie nicht bereit,
darf es auch platt mal werden.
In den Notizenherden.

Vorschlaghammer

Zu wählen die Beschäftigung
bei Freizeit, führt zur Steinigung,
wenn alle anders ticken.
Der eine wollte klicken

durch virtuelle Welten
Der andere zum Zelten.
Da schlug ich schnell ein Spielchen vor,
das drang vor Kurzem an mein Ohr.

Es handelte von Cowboys, stark,
die tief im Westen ganz autark
nach neuen Ufern suchten.
Die Dürre stets verfluchten.

So war den beiden dann gedient,
Controller wurden lang bedient.
Die Burschen wurden strammer.
Man fand den Vorschlag Hammer.

Stammkneipe

Da Bäume kräftig trinken müssen,
stehen sie oft auch an Flüssen.
Hat man keinen bei sich fließen,
muss man raus, um zu genießen.

„Kneipen sind doch nicht das Gleiche",
klagte eine alte Eiche,
die beim Skat lag vorn.
Das nervte den Ahorn-

baum, der mit Gerlinde
gern hätte noch ein Kinde.
Sie war dafür zu trocken.
Ob sie noch heut dort hocken?

Blumenkohl

Den Bundeskanzler gab einst wohl
ein Herr, der trug den Namen Kohl
und war nach seines Lebens Fahrt
im blauen Brüssel aufgebahrt.

Dort zollte man ihm groß Tribut
und sprach Europa aus den Mut.
Ganz fasziniert vom Blumenmeer
ich konnte lauschen gar nicht mehr.

Dass Blau mit Gelb gut harmoniert,
wenn man ein Grab mit Blumen ziert,
weiß nun die ganze Welt.
Dank Journalistenzelt.

Flugblatt des Vermissens

Sich einfach zu verpissen,
belastet das Gewissen
der Klofrau gegenüber.
Das Pärchensein, hinüber.

Bequemer scheint es halt.
Woanders siegt Gewalt,
hier ist es das Gewissen,
dass abseits jener Kissen

der Zwecke ist erliegen,
sich weiter zu verbiegen,
um vielfach zu gefallen.
Es lauern böse Fallen

im glattgezogen Bild.
Getragen stolz als Schild
im Kampf der Katastrophe,
die sich mit jeder Strophe

dem Endlosen verschreibt.
Mit dem im Kopf, was bleibt
steh ich an deinem Briefschlitz,
bevor ich mich noch tief ritz.

Der Wurm im Sturm

Etwas schadenfroh
blicke ich vom Stroh,
aus Kunst gemacht,
dem Wurm der Nacht

im Sturme zu.
Er fliegt im Nu
fast schon hinfort.
Er zuckt am Ort

des Kriechens
und Dahinsiechens
leidend.
Meidend

das Mitgefühl
fühl ich mich kühl.
Schäbig wie Schaben
im Mund eines Raben.

Die Hilfe verweigernd,
die Neugier noch steigernd
ich schließe den Vorhang
und misse den Vorgang.

Herr des Haartrockners

Nun strebt der Mensch zumeist nach Macht.
Wer dabei an den Mann gedacht,
wird wahrlich selten irren.
Gehört er doch zum Irren

des Irdischen. Das Haar
trägt er oft kurz, mal lang
doch selten hängt ein Strang
dem Adam runter. War

das doch in Wacken so.
Dort trafen auf dem Klo
sich harte Männer weich,
um in der Mähne gleich

die Nässe wegzupusten.
Ist besser doch als Husten.
Am coolsten ist gesund.
Da krächzt es aus dem Mund

und aus dem Hals nicht mehr.
Das freut den Banger sehr,
der bangt um seine Physis,
weil ihm das Leben süß ist.

Maler Gustav

Es hatte einst ein Maler, toll,
die Nase echt gestrichen voll.
Die Arbeit war zwar farbenfroh,
privat blieb leider leer das Stroh.

Sein Fräulein namens Alma
blieb Stunden oft beim Halma.
Das war es mit Bewegen.
Sie liebte Steinchenlegen.

Da kam dem Maler die Idee,
zu komponieren. Ohne Klee-
blatt kam das Glück auch so.
Er weilte auf dem Klo

mit Tinte und Papier,
schrieb dort an Takten vier-
undvierzig gar pro Sitzung.
Erlag der Überhitzung

des Liebeskummers
notensetzend.
Manchen Schlummer,
schuldig hetzend,

sehend fand ihn Alma oft.
Heimgekehrt, ganz unverhofft.
So kam es zum Beziehungsschluss.
Sie hatte ja noch Gropius.

Jackpot

So knacke ich vermutlich nie
den Jackpot in der Lotterie.
Mit Nüssen klappt das besser gar
seit ich mal bei Tschaikowsky war.

Millionen auf dem Konto schwer,
das freut beim ersten Blicke sehr,
beim dritten schürt es Angst.
Um den Verlust du bangst

und sinnlosen Gebrauch.
Was macht mit Geld man auch,
wenn es gar wertlos wird,
weil endlos nun vorhanden?

Nicht selten qualvoll fanden
sich Sieger in Bedrängnis.
Es wurde zum Verhängnis,
im größten Glück zu landen.

Manch Freund wird Feind,
manch Fremder Freund.
So wie es scheint
stets nett gemeint.

Statt hunderten Millionen peil
ich zwei, drei an. Das ist auch geil
und ehrlich zu erreichen.
Der Einsatz muss nur reichen.

Netzstörung

Die Spinnen spinnen. Witzig, oder?
Nicht? Des Wortspiels hell Geloder
blendet mich, doch ist zu sehen
dieses Wesens schnelles Gehen.

Fadenscheinig über Fäden,
ihre selbst eröffnet Läden
für den Nachschub. Futtermittel
bleibt dort kleben mit dem Kittel.

In die Falle gar gegangen,
muss die Spinne nur zulangen,
ist der Schmaus doch schön serviert.
Mancher Mensch sich aber ziert,

ihnen das zu gönnen.
Weil wir es halt können,
reißen wir die Netze
rabiater Hetze

oft entzwei, zum Wohle
dann auch auf nackter Sohle
den Spinnen fernzubleiben.
Das Fressen einverleiben?

Sie sollen nicht so klagen.
Wird doch in ein paar Tagen
das Netz wo anders sprießen,
um wieder zu genießen.

Chilli Concealer

Als Dragqueen hat Mann einen Schrank
voll Schminke. Aber, Gott sei Dank,
steht der im Club und nicht daheim.
Es macht sich sonst wohl noch den Reim

die Schwiegermutter, gierig gar
nach Klatsch und Tratsch. Noch nie sie war
im Showgeschäft des Kiez zuhaus.
In hohen Schuhen hoch hinaus

als Fun-Fassadenbauer. Hungernd
weilt „sie" samstagabends lungernd
vor dem Schnellimbiss.
Bemerkt dort frisch den Riss

im neu genähten Kleide.
Nicht eine Augenweide,
doch siegt des Magens Knurren.
Mit einer Hand am Zurren,

der anderen am Spachteln
des Chillis feurig heizend.
Da fallen ihr die Schachteln
des Make-ups, nicht dran geizend,

ganz frisch gekauft in Soße,
die spritzt dann auf den Schoße.
Das war es mit der Nummer
im kleinen Alltagsschlummer.

Beim Urologen

Ich sag es so: Nie ging ein Wrack
mir gar so herzlich auf den Sack.
Der Ultraschall schallt noch im Ohr.
Mir kommt es fast wie gestern vor.

Da sitzt du, schwanger mit den Ängsten,
zwischen all den alten Hengsten,
die dich kritisch gar beäugen.
Für den Mord zu viele Zeugen.

Einer wurde dann noch frecher,
öffnete den Plastikbecher
mittendrin im Wartezimmer.
Höret zu, es kommt noch schlimmer:

Über einer Dame Tasche
blieb er hängen in der Lasche.
Fallend wie ein Fallschirmjäger
blieb er liegen deutlich träger.

Eines weiß ich seit dem Tage:
Meine Nase geht nicht vage,
sondern sehr genau. Aromen
fast noch schlimmer als Abdomen.

Versuch einer Verzierung

Der Rotstift steht für Fehler schwer,
doch nehm ich ihn nun trotzdem her
für Schöneres. Mein Schreiben
soll nicht alleine bleiben.

So hässlich blau auf diesem Blatt
ist es vom Weiß wohl gänzlich satt.
Ganz farbenlos, das muss nicht sein.
Es ziert die Worte nun ein fein-

gezogenes Formlabyrinth,
wie es schon damals in Korinth
manch freshen Dude verdutzte.
Mein scharfes Auge stutzte

von so viel Rot. Von Not
ins ausgeglichen Lot.
Ob das den Text jetzt besser macht?
Daran hab ich noch nicht gedacht.

Die Dönerbude im Spessart

Erpressung hilft als Mittel gut
zu nehmen ein das Geld. Voll Mut
die Räuberbande war auf Fahrt
im tiefen, dunklen Spessart.

Ein Wirtshaus dort bekanntlich steht,
doch wer im Wald mit Hunger geht
und hasst die Hausmannskost,
muss laufen Richtung Ost.

An Alis Dönerbude weilen
Hungrige, die von den geilen
Zwiebeln kriegen nie genug.
Nehmen gierig manchen Zug.

So auch jene Räuberbande,
die im Traditionsgewande
und mit einem Fuhrwerk kam,
als die schöne Gräfin zahm

in dem Wirtshaus noch nicht ahnte,
was sich weiter weg anbahnte.
Dass man sie entführen wollte,
nie durch ihre Träume rollte.

Gut gestärkt und endlich satt
sattelte die Bande auf,
setzte fort den bösen Lauf.
Das Verbrechen? Es ging glatt.

Ein Selfie mit Moby Dick

Was hätte Ahab wohl gegeben,
in moderner Zeit zu leben?
Heute müsste er nicht bangen,
einen ganzen Wal zu fangen,

denn ein Selfie würde reichen.
Eben jenes einzustreichen,
ist nicht minder schwer zu schaffen,
doch man hätte was zum Gaffen

für die Follower zuhause
und in aller Welt,
denen sie gefällt,
diese nasse Sause.

Alt ist der Roman des großen
ausgedienten Ex-Matrosen,
der Harpunen niederlegte
und dafür den Stift bewegte.

Ihn zu lesen, fordert Zeit.
Wie der Walfang, wo der Lohn
ist wohl heute nur der Hohn.
Auf den Meeren weit.

Schaumbad mit Schaulustigen

Wer liebt den Schaum, hat einen Traum,
doch der erfüllt sich meistens kaum:
Den Badezusatz schnell zu kippen
in das Schwimmbad, zwischen Rippen

von Senioren,
deren Ohren
dann erschaumen.
Daumen,

Haltung wahrend aufgequollen.
Für das Foto zwar entstellt,
zeigend doch der ganzen Welt,
was mal Pi sie nehmen sollen.

Böse mag es wohl erscheinen,
nennen mich einen „Gemeinen"
für diesen Chemieunfall
würde dieser Schwätzer Schwall.

Rote Augen,
sauer blickend.
Trauer. Nickend
mich auslaugen.

Taugen nicht
zum Schnellgericht.
Wie Fertigpizzen
sie schwitzen.

Druckerschwärze im Herzen

Es ist meist schwer, was einfach klingt.
Dass einer mir die Zeitung bringt,
die morgens liegt im Kasten,
geht nur durch schnelles Hasten.

Nun ist der weiten Welten Wisch
am Morgen manchmal noch so frisch,
dass schwarz die Finger werden gar,
weil ich, der Zufall will es, klar,

an jene Stelle fasse,
wo eine noch sehr nasse,
uneingezogen Tinte
wird zu des Schicksals Flinte.

Bewusst ins Korn geworfen
und somit unterworfen
ist meiner Finger Glanz.
Man kriegt sie ab wohl ganz,

doch Reiben heißt das Treiben,
das man sich einverleiben
mit aller Würde muss.
Ich gebe dir den Kuss,

mein Mädchen hinter Zeilen,
den schwachen und auch steilen,
so ähnelnd gar den Kerzen
im Lichtermeer von Schmerzen.

Dinosaurier im Dunkeln

So liegt wohl mancher Dino fett
noch unter uns als schwer Skelett.
Vergraben und vergessen dort,
wo wechselt keiner nur ein Wort.

Gut für sie, die stille Ruhe
ist des Menschenglückes Truhe.
Schatz und Scheitern vor dem Scheiden.
So wie auch die Dinos leiden

wir im Tod, das Dunkel
überstrahlt Gefunkel
und den Glanz auch ganz.
Einen langen Schwanz

hatte damals jeder.
Eine Haut wie Leder,
Hunger sehr auf Hüften.
Das Geheimnis lüften

ist teils schon gelungen.
Mit dem Sterben rungen
Wesen unter Asche.
Heute in der Flasche,

aufbewahrt und gut verschlossen,
auch durch Regen nicht verflossen
unten tief im dunklen Zelt
dieser wirklich jungen Welt.

Singles unter sich

Bei Hochzeiten gibt es den Tisch,
wo sind die Singles unter sich.
Den ähnlichen im Plattenladen
fielen einst schon an die Maden.

Alt und traurig, einsam lagen
Singles rum im Krämerwagen,
dann im vollgestaubten Lager.
Ihre Zukunftschancen? Mager.

„Mager-Rinnen" frech genannt.
In das Dunkel stumm verbannt.
Bis zum schicksalshaften Tage,
als mit einer Räumungsklage

ein Gesetzeshüter blickte
in den Raum und fast erstickte
vor Erstaunen, was da weilte.
Als der Staat sich dran aufgeilte,

diese Last schnell loszuwerden,
kamen sie nicht zum Verkehrten,
wurden so doch zum Verehrten.
Laufen heute noch wie Herden.

Orangen mit Mondfieber

Rund und voller kleiner Krater,
der Trabant der Erde, mater.
Weilt er meistens doch am Himmel,
fand ich neulich im Gewimmel

eines Marktes sie, die Luna.
Zart und schön genau wie una
canzone. Im Netze
stoppte die Hetze.

Orangen, so orange und rund,
müssen meistens in den Mund.
Diese griff ich nur und staunte,
als ich vor mich hin leis raunte,

wie sie diesem Monde glichen,
der am Tage hell verblichen
sich entzieht so manchem Blicke.
Hängend über dem Genicke

einer Heimat hoffnungslos.
Doch nur in der Sonne Schoß,
kreisend, krass, im gleichen Maße,
dass manch einer glaubt, ein Hase

ist auf ihm zu sehen.
Ich sah nur die Orangen, reif
und saftig wohl. Ich eilte, steif
vor Kälte, sie zu drehen.

Auflauf der Aufläufe

Du bist nur, wenn du demonstrierst,
dich nicht des Schilderschreibens zierst.
Doch dass ein Auflauf-Auflauf kam,
erfüllte alle nur mit Scham.

Aus ihrer Form getreten schritten
sie hinaus, und auch nicht bitten
ließen sich die Warmen. Kalt
hatten sie dann in Gewalt

jede Straße. Alle Plätze
hörten nur noch ihre Hetze
über Hitze, schrecklich steigend.
Sie beim Backen oft vergeigend,

nahm ich mich dann lauschend an
ihren Sorgen, die ich dann
erstmals klar vor meinen Augen
sah. Plastikformen, die nichts taugen,

weil als Auflauf man da schwitzt,
wenn man lang im Ofen sitzt.
Auch die Presse war vor Ort,
hörte zu und schrieb sie fort.

Aufläufe an Aufläufen,
die sich öfter aufhäufen.
Warme Luft im kalten Ofen
dieser oft zitierten Strophen.

Das Buch unter dem Bett

Nun seh ich sie noch gut vor mir:
Die Mutter, welche wie ein Tier
zum Lesen bringen wollte
den kleinen Schreiber. Sollte

ihr nicht gelingen. Spoiler!
Das Wasser wärmt ein Boiler.
Nun schäm ich mich beim Schreiben gar,
weil dieser Vers ein Unsinn war.

Auf Spoiler reimt sich halt nicht viel.
Das ist wie eine Fahrt nach Kiel.
Doch nun zurück zum Leseglück.
Ein Mädchen kannt ich, welch Kunststück.

Sie las des Abends wirklich gern,
die Eltern sahen lachend fern.
Die Bücher? Nur Science Fiction.
Heut nennt man das „addiction."

Es kam da ein Problemchen nur:
Die Eltern waren derart stur,
verboten die Literatur.
Hoch im Regal beim Flur

dann standen all die Bände,
die für die Tochter Wände
zu schönen Welten waren.
Sie war sich dann im Klaren:

Ein Exemplar verstecken?
Man würde nicht entdecken,
was sie da hat verbrochen.
So hat sie sich verkrochen

tief unter ihrem Bett.
Verstecke es ganz nett,
doch einfach vorzuholen.
Den Hintern hart versohlen?

Das ist nie mehr passiert.
So saß oft die Familie,
die Tochter keck geniert,
am Fernseher zu viert.

Familienrezept

Die Eltern kennenlernen ist
des Monogamen größte List.
Meist findet auch ein Essen statt,
dabei war man schon vorher satt.

Gesittet will sich jeder zeigen.
Ersten Eindruck nicht vergeigen.
Fallen lassen gleich die Butter
in den Schoß der Schwiegermutter.

Ein Gelage nicht vergessen
werde ich. Man war verfressen,
Pfannkuchen mit Weißwein drin.
Schaute zu der Dame hin,

die ich mir erbitten wollte.
Was der Wein im Teige sollte?
War schon immer so gewesen.
Wer mag schon Rezepte lesen?

Wusste nicht, geht das hier gut?
Doch dank Alkohol der Mut
durchfuhr mich. Marmelade
in der Kinnlade.

Das Ende schulde ich dem Schelm:
Ich trug mit ihr zwar manchen Helm,
die Schlacht gewann doch sie.
Den Teig vergisst man nie.

Ungeplant schwanger

Von vielen Tagen bleibt nur Frust,
es plagen dich Gedanken.
Ich habe dann auf Essen Lust
und kenne keine Schranken.

Den Weg zum Bahnhof zieren sie,
die kleinen Dönerläden
und hinterlassen Schäden
in mancher Kasse. Würde nie

nur eingestehen, dass ein Mahl
erhöht der Glückshormone Zahl.
Ich blieb doch wieder hängen.
Erlag dort meinen Zwängen.

Erfroren gar, mit Fingern steif,
ergötzt mich auch nicht Fußball live,
nur Fressen. Fleisch, verzeiht mir dies,
der Schlüssel ist aus dem Verlies.

Zum Paradies des Pansenmagens,
müde gar des Päckchentragens.
Glück im Plastikgabelglanz
fordert das Gewissen ganz

forsch und frech heraus.
Esse ich zuhaus,
wird es billig und gesünder.
Bin halt doch ein Sünder.

Justitias Rache

Den ganzen Tag gerecht zu sein,
muss führen wohl zu großer Pein.
Justitia, die Blinde, blickt
des Feierabends, leicht geknickt,

auf ihre Binde abgelegt.
Sie hat sich maßlos aufgeregt.
Zu richten, richtet Schaden an,
wenn man nicht selber klagen kann.

Die Meinung, die man selbst vertritt,
zum Unglück dann der erste Schritt.
Doch wusste sich zu helfen
die Frau, die manchen Elfen

das Zipfelmützchen stutzte.
Die Freizeit immer nutzte
Justitia zum Unrechttun.
Es mussten leiden Tiere nun.

Der Ententeich am Opernplatz
war ihr Revier zum vierten Satz
der Sünden-Symphonie.
Ihr auf die Schliche nie

kam die Justiz. Nur tote
und prall gefüllte Enten,
mit Plastik, beim Verenden
erkannten ihre Zote.

Kilo-Schock bei Schopenhauer

Daily Soaps, die täglich laufen,
sind nicht nur zum Haareraufen,
sondern Unterhalt für Damen,
die ansonsten nur noch Ramen

in die Linse halten können
und sich davon Kleidung gönnen.
Lange spielt Frau Schopenhauer
schon. Die Presse ist oft sauer,

denn das Idealgewicht
dieser Frau erstarrt gar nicht.
Mal ist sie gar mahnend mollig,
später wieder schlank und drollig.

Wie auch immer, ganz egal
ist der Waage neue Zahl,
wären da nicht Tratsch und Klatsch.
Im Regal gedruckter Matsch,

der es recht dem Leser macht,
welcher auch in später Nacht
sich am Promi laben will.
Ohne Stil, jedoch ganz still.

Einen Euro, zwanzig Cent.
Nur, damit man schneller pennt,
morgen dann den Job zu schaffen,
wo der Seele Wunden klaffen.

Drei Adventskerzen

Adventssonntage gibt es vier.
Erfunden hat man einst, zur Zier,
Adventskränze mit Kerzen drauf.
Sie nehmen abwärts ihren Lauf.

Die erste Kerze, früh entzündet,
meistens im Gestrüpp schon mündet,
eh das Christkind angekommen.
Zweitere, auch stark benommen.

Die dritte, in der Form noch fein,
wird laden auch zum Feste ein.
Nun gibt es aber noch die vierte,
die drei Wochen lang sich zierte,

ehe sie entflammt dann worden
als die Letzte in den Horden.
Oft zum Heiligabend rennt
die Zeit vom vierten Advent.

Tagesgleich kam auch schon vor.
Wer schenkt jenem Licht das Ohr?
Wochenlang gewartet, nun
gibt es nicht mal was zu tun.

Vor Silvester aussortiert,
in den Müll katapultiert.
Weihnachtszeit, du Henkersbraut,
hast mir der Lichter Glanz geklaut.

Ein alter Hut

Den Flohmarktstand zu füllen ist
das Schwimmen durch den ganzen Mist,
der sich im Keller angestaut.
Ihm einst mit Sehnsucht anvertraut,

doch hässlich dann vergessen.
Ihm hat sich nach dem Essen
Gerlinde angenommen
und wanderte benommen

die stillen Stufen runter.
Ihr Mann indessen munter
die Spätnachrichten sehend.
Das Weibchen, runtergehend,

hat er beachtet kaum.
Sie hätte nie im Traum
gedacht, was sie da fand.
War nicht nur eine Wand

an Brettern voller Schund,
die in die Säcke rund
für jenen Flohmarkt fiel.
Das war doch viel zu viel.

Am Ende fasste sie den Mut
zu stürzen sich in jene Glut
des Handels. Bald, in voller Wut,
ihr Mann vermisste seinen Hut.

Das ängstliche Schneiderlein

Die Sieben stolz auf einen Streich.
Man kennt den Knaben, der auch gleich
die Riesen in die Knie zwang.
Doch ist diese Geschichte lang

schon her und klar erzählt?
Dabei hat sich verwählt
der Leser, denn ein Enkel
noch heute öffnet Schenkel

von Hosen mit der Schere.
Es ist ihm eine Ehre,
das Handwerk fortzuführen.
Für Steuer und Gebühren.

Das Schicksal hatte auch parat
für ihn die große Heldentat.
Er brauchte neuen Pflaumenmus
und schlenderte mit manchem Gruß

durchs Städtlein in den Laden.
Es schlotterten die Waden
dem Tapferen sogleich.
Da gab es einen Streich,

der ihm niemals gelang:
Vor Hunden war ihm bang.
So warf er dort sein leeres Glas
dem hellen Hechler zu ins Gras.

Wo die Liebe hinfällt

Der Schokoladenfabrikant
ist auf dem Markt ein Elefant.
Doch produziert beschaulich gar
in einem Städtchen, das als Star

darum in der Region erstrahlt
und selten nicht vor Stolz auch prahlt.
Nun zieht der ganze Tafel-Glanz
mitunter einen Rattenschwanz

an Hindernissen hinter sich
und Käufern her, die jenen Strich-
code können kaum erwarten.
So reisen all die Zarten

per LKW hinfort.
Es war ein Schreckensort,
der sich den Helfern bot.
In seiner großen Not

der Fahrer fuhr zu schnell.
Es war noch nicht mal hell,
da kippte er mit ganzer Last
erst gegen den Laternenmast

und dann voll auf die Seite.
Die Tafeln nun das Weite
auf jene Straße suchten.
Die Disponenten fluchten.

Der Klosterbrunnen

In Klöstern herrscht meist Frauennot,
drum sucht der Herr den Herrn bei Not.
Man munkelt, dass manch Frauenbild
auch machte eine Kutte wild.

Da war der Mönch Kuttpernikus,
er gab im Gästehaus den Kuss
dem schönen Weibe. Und noch mehr.
Es freute sich der Jünger sehr,

doch hatte auch die Sorgen.
Blieb alles gut verborgen?
Die Frage nahm ihm ab die Dame,
die wie eine Leuchtreklame

ein Jahr später vor ihm stand
mit dem Säugling in der Hand.
Schnell zog er sie in die Kammer.
Sünden büßen? Welch ein Jammer.

Schmerzlich wurde ihm dann klar
gleich wie ernst die Lage war.
Den Spaziergang täuschend vor
bat er um des Weibes Ohr,

die den Säugling unter Kleidern
gut versteckte vor den Neidern.
An dem Brunnen angekommen
ist der Kleine umgekommen.

Wehmut am Webstuhl

Das Geld war aus, nachdem es kam.
Erfüllte Eltern so mit Scham,
die ihre Töchter alsbald dann
verkauften an den einsam Mann.

Bis das geschehen, Arbeit ist
gewesen ihres Alltags trist
Beschäftigung. Das Geld nur her.
Es fühlte sich Marie so leer.

Der Webstuhl war ihr großes Los,
die schönsten Stoffe zwar im Schoß,
doch Langeweile stundenlang.
Ihr wurde beim Gedanken bang,

noch Jahre hier zu sitzen
und dann auf ihre Zitzen
nur reduziert zu werden.
Als Teil der Mutterherden,

den Heldinnen auf Erden.
Wie war das mit den Pferden,
auf deren starken Rücken
wir Terras Glück verrücken?

Der Mutter strengen Blick
wie Nadeln im Genick
sie webte tapfer weiter.
Im Warten auf den Reiter.

Paprika-Krieg

Die Kleingärtner sind eine Art
mit einer ganz bestimmten Art.
Die Kunst, sie zu verstehen,
kann nur wie Laub vergehen.

So las ich den Artikel,
dass einmal ein Karnickel
den Grundstückszaun zerstörte.
Es starb der Unerhörte

durch Kürbis-Kugeln elend.
Den Hass kaum noch verhehlend,
der herrscht zwischen Parteien
beim Aneinanderreihen

der grünen Lebenslust.
Es führte auch zu Frust
ein Kuchen, nett geschenkt.
Welch Schelm, der nicht bedenkt,

dass Gundula die Torte
von allen dort am Orte
am allerbesten backt.
Es wagte Else, nackt,

die Gundula zu necken.
Roh war er in den Ecken,
der Kuchen voller Süße.
Da flog schon das Gemüse.

Frau Holle macht Kurzarbeit

Die weiße Weihnacht fällt nun aus.
Der Schneepflugfahrer bleibt zuhaus.
Und Schuld daran, das ist doch klar,
ist unser aller Märchenstar.

Frau Holle macht das traurig, weil
die Börsenkurse mächtig steil
nach unten gehen. Kurzarbeit
ist angesagt. Es fehlt die Zeit,

in aller Welt zu schütteln.
Da gibt es nichts zu rütteln.
Drum muss nun selektieren sie
die Orte, welche Poesie

im weißen Kleid versprühen.
So groß ist das Bemühen,
selbst diese zu erreichen.
Das Lob dann einzustreichen

vom Chef mit rotem Mantel,
der täglich mit der Hantel
die Weihnacht sehnt herbei.
Drum stemmt er all das Blei,

um dann ganz fit zu sein.
Frau Holle lässt das kalt.
Bekommt sie kein Gehalt,
holt sie die Kissen rein.

Aschenputtel wird Nichtraucherin

Beim Job in einer Männer-Bar
sie tanzte sich in Köpfe. Klar
war da nichts mehr, nur sehr getrübt.
Sie hatte lange es geübt,

zu schwingen das geölte Bein,
die Füße in den Schuhen fein
und herzlich schmerzend eingeengt.
So mancher Blick sich dann vermengt

mit großen, bunten Scheinen,
die dann von jenen Beinen
zur Brust nach oben gleiten.
Man könnte da jetzt streiten,

ob das niveauvoll ist.
Doch die gewagte List
gab ihr das Geld zum Rauchen.
Sie konnte es gebrauchen.

Doch einst kam dann ein Morgen,
an dem sie voller Sorgen
sehr schnell nach Hause rannte
und stark an eine Kante

der Neckarbrücke stieß.
Es schmerzte wirklich fies.
Am schlimmsten doch, der Schuh
fand seine nasse Ruh.

Der Feuervogel

Es hatte einen Papagei
der Heinrich, holte ihn herbei
zu allen Tätigkeiten.
In einem eisern-breiten

und reich verzierten Käfig.
Er war darin oft schläfrig,
doch auch in Plapperlaune.
Das brummende Geraune

erfreute Heinrichs Ohr.
So nahm er sich mal vor
für seinen Freund zu grillen.
Den Hunger so zu stillen

auf Auberginen. Fleisch
nur führte zu Gekreisch
bei Mahlzahns gegenüber.
Die Stimmung war hinüber,

als er beim schnellen Wenden
mit seinen flinken Händen
den Grill zu stark erfasste
und ihm darauf verpasste

den folgenschweren Stoß.
Er sah den Vogel bloß,
der da vor Heinrichs Sohlen
verbrannte in den Kohlen.

Der armen Carmen

Des Schmuckvertreters Töchterlein
ging gerne in die Oper. Fein
gekleidet, edel rausgeputzt.
Es hat das Personal gestutzt,

als da die junge Dame kam,
in ihrem Blick ein Hauch von Scham
und Selbstbewusstsein im Duett.
Die Carmen, sie fand jeder nett.

Nun gibt es, das scheint gut bekannt,
die Oper, die nach ihr benannt.
Das haut nicht chronologisch hin,
doch wer fragt heute nach dem Sinn?

Der Vater, reich und reich begehrt,
das Töchterlein mit Stolz verehrt.
So war die Loge dann der Ort,
zu lauschen dem gesungen Wort.

Im Schutz der Dunkelheit jedoch
erschlich sich dort ein schwarzes Loch
in Menschenform den Weg zu ihr.
„Willst du mich nicht, gehörst du mir."

Ein lauter Knall, ein schriller Schrei.
Er jagte all das tödlich Blei
ihr in den Kopf und ins Genick.
So link wie Lincoln. Alter Trick.

Die Breimaurer

Herr Mozart, das weiß Jedermann,
schloss sich einst den Breimaurern an.
Ein Zirkel, der die Gläschen ehrt
und dreht sie so lange verkehrt

herum, bis jeder Bissen ist
geborgen. Dass ihr es nun wisst:
Man sagt, die Zauberflöte
gab ihm zwar manche Kröte,

doch plötzlich starb der Meister.
Das waren nicht die Geister
des Todes, sondern Brei.
Vergiftet durch das Blei,

gemischt von Salieri
in jenes lecker Mahl.
Und durch die große Zahl
der Mozart war „ieri",

was wahrhaft „gestern" heißt.
Er hatte gut gespeist,
die Stunden vor dem Tode.
Doch auch die feine Mode

den Tod nicht listig linkt,
dem das seit jeher stinkt.
So nahm er Mozart mit.
Shit.

Kassenbonmumie

Da sitzt er nun, der kleine Hund.
Warum? Es gibt den guten Grund:
Er darf nicht in den Laden rein,
das könnte unhygienisch sein.

Sein Frauchen weilt wohl beim Regal.
Das Tier ist ihr dort nicht egal,
doch sie hat keine Wahl.
Muss eine große Zahl

an Gästen wohl bewirten?
So geb ich nun den Hirten
von Weitem ohne Stab.
Und während ich so trab,

der Kleine den Gefallen
nun findet an dem Fallen
der Kassenbons, geschmissen,
ganz ohne ein Gewissen,

direkt vor seine Pfoten.
Es war ja klar, Verknoten
war da nun angesagt.
Man hatte angeklagt,

die Bonpflicht sei nur Schund.
Doch schaut ihn an, den Hund.
Er springt und bellt, als sei ihm dies
trotz Leine heute kein Verlies.

Scheibenkleister

Wer Darts gern spielt, der wirft den Pfeil
sehr oft auf eine Scheibe. Steil
und auch im hohen Bogen.
Nach Dreien rausgezogen,

um wieder neu zu zielen.
Gelingt es doch nicht vielen,
die Punkte hoch zu kriegen.
Die braucht man stets zum Siegen.

So wie zum Schluss das Doppel,
sonst wird es ein Gehoppel.
Für manchen ist die Scheibe
die allerliebste Bleibe.

Es spielte Ludwig-Wilhelm gern
die Darts, er kannte das vom Fern-
sehen, wo Turniere oft
erschienen. Gänzlich unverhofft.

Er kaufte sich ein Scheibchen ein
und hängte es ins Küchelein,
wo Löcher in den Wänden,
gestaltet von den Händen

des Schusseligen, bald
im Plastikteller-Wald
die stille Szene spielten.
Die wirklich schlecht Gezielten.

Gleichgewichtsprobleme

Du bringst mich aus dem Gleichgewicht.
Auch das Tablett verschonst du nicht
und lässt das Sektglas klirrend fallen.
Dann, beäugt sehr scharf von allen,

beugst du dich zum Scherbenhaufen.
Hab ins Auge dich beim Laufen
vor dem Missgeschick gefasst.
Hast dir nun den Ruhm verpasst,

den ich dir davor schon schenkte,
als ich meine Blicke lenkte
auf die unbefleckte Schürze.
Balancierend die Gewürze

eilst du wieder nun vorbei.
Schaust verstohlen schnell herbei,
hast doch nur Geschirr im Blick.
Nun greife ich zum fiesen Trick:

Lege das Besteck so hin,
dass du gleich erkennst den Sinn:
Fertig und Abräumen, bitte.
Alsbald trittst du aus der Mitte,

nimmst den Teller, den ich reiche.
Und dein Danke stellt die Weiche
für die schlaflos-schwere Nacht.
Ich nur Gast und du die Pracht.

Zur Messe

Es fragte mich ein Stadtpoet,
wo es denn hier zur Messe geht.
Ich wies den Weg dem jungen Mann.
Er kam dort leider niemals an.

Der Herr im Anzug vom Vertrieb,
er hatte nur das Geld sehr lieb.
Herr Gott, der war ihm gänzlich gleich.
So fiel ihm spät erst auf der Streich,

den ich mit ihm begangen hatte:
Frierend stand der Göttergatte
nicht in einer Messehalle,
sondern in der Kirche. Alle

Jahre wieder ein Vergnügen,
fremde Frevler anzulügen,
die den armen Bürger plagen,
nach dem Weg zur Messe fragen.

Milchkotze

Dein Bäuerchen schallt in den Bus,
der deshalb früher halten muss.
Vom Wanken durch den Löchertanz
hast du dich kurz entleert. Ja, ganz.

Was Mama fließt aus ihrer Brust,
erfüllt das Baby stets mit Lust,
doch klein ist so ein Magen.
Man könnt im ganzen Wagen

die Gummistiefel tragen,
denn all die Bröckchen plagen,
im trüben Weiß verstreut,
die aufgebrachten Leut.

Nun liegt die Wut in manchem Blut,
gezaubert aus dem Hut mit Mut
ist sie doch überflüssig.
Die Straße wird abschüssig,

es fließt dein Frühstück eilend,
und keinesfalls verweilend,
zum Fahrer schnell hinüber.
Der lacht da herzlich drüber.

Hat sich schon abgefunden
nach all den vielen Stunden,
dass auf der Fahrt das Leben lebt,
nach dem der Mensch per se doch strebt.

Kronleuchter

Hängt dort im königlich Gemach.
Hat mitbekommen wohl die Schmach
des Ehebruches und Erbrechens,
Schuldigsprechens und auch Rächens.

Hängt und strengt sich sicher an.
Kerzenlos mit leeren Schalen,
die erahnen lassen Qualen,
welche einst ein kleiner Mann

beim Entzünden hat erlitten.
Wächter über dunkle Sitten.
Wohl erhängt sich hat manch Diener,
der als sichtlich armer Wiener

Dienst an Decken musste schieben.
Zeit, ins Licht sich zu verlieben,
blieb da sicherlich nur selten.
So verschieden sind die Welten

dieser Herren von der meinen
kleinen Welt, die auf den Beinen
ich erleuchtet darf erkunden.
Das elektrisch Licht erfunden

war seitdem, man schätzt es sehr.
Es ist sehr hell. Man sieht nichts mehr.
Der Leuchter hängt, mein Nacken schmerzt.
Er hat es sich mit mir verscherzt.

Traumprotokolle

Im Traum erscheint das Falsche wahr.
Es wird am Morgen uns dann klar,
dass unser Wahres falsch gewesen
ist. Erquickend, durchzulesen,

was man all die Tage träumte,
sich per Fantasie einräumte,
das in Wahrheit nicht geschehen.
Alles vor den Augen sehen,

später ist es nur Vergehen.
Des Gehirnes groß Versehen.
Niederschreiben hilft, zu fassen,
was man in der Nacht gelassen

und doch voller Scham erlebte.
Beim Zubettgehen nicht erstrebte
Treffen und Vortrefflichkeiten.
Selten doch für beide Seiten,

die des Träumens und Realen.
Hoffnungen bunt zu bemalen,
um im Schwarz dann aufzuwachen
durch des Weckers grausam Lachen.

Bände voll Banalitäten,
zwickend wie des Fisches Gräten
auf dem glühend heißen Grill.
Die Nacht ist laut und doch so still.

Roboterkatzen

Die Lebenslust wird digital.
Des Zuhälters bald große Qual
mag auch manch Tierheim treffen,
wo jetzt noch Hunde kläffen

und Katzen schwer miauen.
Es folgt sobald das Grauen.
Man forscht, ich las dies seriös,
an dem Produkt, das skandalös

und schmeichelhaft erscheint,
auch wenn manch Tierfreund weint:
Roboter ganz nach Katzenart.
Es spricht der Kenner dann von „smart."

Was listig-leblos wirken mag,
erfreut des Haustierhalters Tag
wohl bald, wenn er mal weiterdenkt
und seinen Blick nach vorne lenkt.

Das Tier hat keinen Hunger mehr.
Es stirbt nicht, so weint keiner sehr.
Das Katzenklo ist obsolet,
weil dort die Dockingstation steht.

Und passt es nicht zum Alltagstrott,
dann geht es zum Elektroschrott.
Die Kohle für manch gut Metall
erfreut den Menschen überall.

Toasterwärme

In jener kalten Jahreszeit
macht sich die Kälte nicht nur breit
auf Körpern, auch der Seele Last
erschwert dem Geist verdiente Rast.

Da wirkt er wie ein Inselstaat:
Der Toaster, welcher Lebens Saat
in krümeliger Art verstreut
und so den Morgenglanz erfreut.

Ich halte meine steife Hand
im stilbewussten Schlafgewand
über die Plastikschlitze.
Genieße diese Hitze.

Nun taugt das Ding als Heizung nicht
auf Dauer. Doch die Wärme bricht
durch Brot und Haut direkt ins Hirn.
Die taube Leere in der Stirn

fühlt sich wie Leben an und lenkt
Gedanken, die der Denker denkt,
ins Gute. Besser wird es nicht.
Und während draußen sich das Licht

der Sonne seine Wege bahnt,
hab ich das Dunkle abgemahnt,
im Wissen um mein Recht.
Der Toast ist schwarz. Wie schlecht.

Klemmbausteine sortieren

Die Grünen hab ich in der Hand,
die paar im gelben Spielgewand
noch liegen auf dem Boden,
den Staubteppich zu roden.

Das Schöne an dem Klemmbaustein?
Gepaart kann er ganz Vieles sein.
In Farb und Form gar sehr divers,
erschafft er einen Plastikvers,

das Fundament des Falschen.
Die Basis für die Flaschen,
stumm angesetzt im Hadern.
Es pochen wild die Adern.

Die Blauen mögen Rote,
die dank manch flacher Zote
den Zonen starr entspringen
und dunkel weiter singen.

Im Ringen um das Kühne
manch Pinker wählt das Grüne,
um Rosa nicht zu bleiben
und sich am Schmerz zu reiben,

benennbar nicht zu sein.
Wie dieses Klötzchen klein
am Fuß des stillen Hauptes.
Wer es nur sieht, der glaubt es.

Beteigeuze blickt mich an

Den roten Riesen, Schulterstern,
ich seh ihn vor dem Schlafen gern
am Himmel wandern, rastend
und doch stets weiter hastend.

Dass du dem Tode bist geweiht,
wird schon seit jeher prophezeit.
Doch nun erschreckt dein schwaches Licht
des armen Forschers Bleichgesicht.

Erwartet uns bald schon
die große Explosion?
Genau gesagt, das Licht?
Denn was sich oben bricht,

ist viele Jahre alt.
In der Physik Gewalt
uns später erst gegeben.
So ist das mit dem Leben.

Du merkst es, wenn es schon zu spät,
dass aus den Fugen gar gerät
des Lebens Kernes große Kraft,
in dem dann nur noch Leere klafft.

Was da passiert, man weiß es nicht.
Und liest in Zukunft das Gedicht
mal jemand, sind wir schlauer.
Dem Leben auf der Lauer.

Der Schmetter-Ling

Dass manch Asiate Hunde isst,
ist etwas, das ihr alle wisst.
Mich plagte einst die Frage,
wie denn erblickt den Tage

des Todes so ein Hund
auf seinem Weg zum Mund?
Ich fand tief in Ägypten
die Verse von Gelübden.

Vor nicht mal tausend Jahren
erzitterten die Bahren
des Reis-Reiches vor Ling,
der auf die Jagd stets ging.

Doch war er dort sehr feige.
Nach außen erste Geige,
die Bratsche in der Brust.
Er warf in seiner Lust

zu töten von dem Berg
die Hunde. Wie ein Zwerg
vom Gartenhaus zerschellten
die Wesen, die noch bellten,

ganz unten tief im Tal.
Serviert mit rohem Aal
ein ländlicher Genuss.
Der Tierschutz sagte: Schluss.

Der Arm eines Oktopusses

Wir kauften kurz vor Ladenschluss
das Glied vom armen Oktopus,
der wahrlich war gestorben.
Er hieß vermutlich Torben,

denn Toben war sein Ding,
bis er sich wohl verfing
im Netz, den Tod zu finden.
Sich erstmal überwinden

das gute Zeug zu schlucken,
sich nicht vor Ekel ducken,
dies ist der Käufer Los.
Als auf das Band den Moos

ich legte mit dem Tier,
da schnaubte wie ein Stier
die Dame hinter mir.
„Was kaufen wir denn hier?",

sie fragte voller Gram.
Ich sagte, ohne Scham:
„Das Glied vom Oktopus,
ganz kurz vor Ladenschluss."

Da sah ich den Gemüseberg,
der deutscher als ein Gartenzwerg
mit Gurkentruppe glänzte
und an Bestrafung grenzte.

Schilderfabrik

Du fragst mich, wo ich wohne?
Es ist die laute Zone,
wo manch ein Schild gestanzt,
das dann im Regen tanzt

am Straßenrand. Mein Auto
kann ich so gut bezahlen.
Doch wähl ich bei den Wahlen
sehr gerne Auto-Hasser.

Seit man den Diesel ausgesperrt,
die Auftragslage nicht entzerrt
sich hat, im Gegenteil, die Wucht
der Menge führt in Arbeitssucht.

So stanze ich die Schilder oft
und wohne schon in einem Loft,
die Börsenkurse stets im Blick.
Der Umwelt dreh ich gern den Strick,

wenn ich so reicher werden kann.
Sie nennen mich den Schilder-Mann,
der was im Schilde führt
und sich zum Sieger kürt.

Ich hab das dann verboten,
ein Schildchen aufgestellt.
So nerv ich alle Welt
mit meinen blechern Zoten.

Raubtierteppich

Miss Sophie heißt nun Edeltraut.
Ihr ist die Rolle anvertraut
für diese kurzen Zeilen,
die auf der Seite weilen.

Die alte Dame war in Not:
Seit Monaten das Abendbrot
bestand aus Wassertrinken.
Im Leben so tief sinken?

Für möglich nicht gedacht.
War sie doch über Nacht
zu armen Witwe worden,
weil ihren Mann die Horden

Hornissen niederstreckten
und tot sein Grab bedeckten.
Was ihr vom Gatten denn noch blieb?
Erinnerungen an den Hieb

des Teppichklopfers auf die Brust,
sowohl bei Frust als auch bei Lust.
Ihr Mann, er war ein böser Mann,
so kam er damals aber an.

Das Katzentier, es ließ sein Fell.
Erleuchtet von der Sonne hell
erglänzte es. Die Frau?
Blieb unauffällig grau.

Senza una Donauwelle

Ohne eine Donauwelle
muss ich scheiden auf der Stelle.
Diesen doofen Marmorkuchen
wollt ich schon als Kind verfluchen.

Trocken, trostlos, oft gesehen.
Ich mag Torten, die so stehen
wie Adonis bestes Stück
einst als Aphrodites Glück.

Ohne eine Donauwelle
scheint an meinem Himmel helle
eine Sonne nicht.
Nebel trübt die Sicht

auf die schwarzen Wolken.
Gierig abgemolken
von dem Regengott.
Hole nun sehr flott

mir die Donauwelle,
welche mir die Zelle
dieses Lebens süßt.
Cremig mich begrüßt.

Kirschen noch zu Zier
machen aus dem Hier
mir den Zuckerhimmel.
Morgen wieder Schimmel.

Kobra im Klo

Was ängstigt einen Mann so sehr
wie seine Angst um das Gewehr?
Man findet nichts, der Tod ist Spaß
verglichen mit dem Mannesmaß.

Nun wurde mancher schon geneckt
durch eine Schere, gut versteckt
von mancher Ehefrau gekränkt.
Seitdem, die Herren eingeschränkt

im Liebestaumel lassen los
vom selbstverschuldet schweren Los.
Doch nicht nur eine Frauenhand
ließ bluten schon das Gunstgewand.

Mir kam zu Ohren, dass die Schlangen
gerne auch nach Schlangen langen,
die da hangen in die Schüssel
wie des Elefanten Rüssel.

Durch den Abfluss hochgekrochen,
kurz am Feinde nur gerochen
und dann listig zugeschnappt.
Selten hat Mann dann ertappt

diese furchtbar falschen Schlangen,
denn beim um die Schlange Bangen
hat so mancher sich verfangen.
in des Klopapieres Bahnen.

Der Sponsoring-Ring

Man hielt mir tausend Euro hin.
Ich fragte schüchtern nach dem Sinn,
die Antwort kam sogleich. Ein Rund
trug ich am Finger dann. Gesund

mag es nicht für die Venen sein,
die klemmt das enge Ding da ein.
Für Geld ist man zu viel bereit,
da zeigt man nicht Verlegenheit.

Ich nahm ihn dann in Augenschein,
den Ring. Er war mir viel zu klein,
doch groß die Werbung gar gemalt
auf seine Außenseite. Kalt

lief es den Rücken runter mir.
Aus ihm und mir war längst ein Wir
geworden, denn er saß so fest.
Vom Geld ist längst ein kleiner Rest

nur noch geblieben, ausgegeben
für die Basis. Miete eben.
Kohle für die Kohle,
Frierenden zum Wohle.

Man hielt mir tausend Euro hin.
Erst spät erkannte ich den Sinn.
Das Geld war fort, der Ring, er blieb.
Vergänglichkeit, ich hab dich lieb.

Feuer aus Fenchel

Im Supermarkt der Stromanschluss,
den man bekanntlich zahlen muss,
war abgestellt. Geprellt vom Boss
verhängte man das Leitungsschloss.

Nun war es nur Dezember gar.
Der Boden weiß, der Himmel klar.
Orion weise wachend,
vermutlich herzlich lachend.

Denn gleich gesagt:
Es brannte aus
der Markt als Haus,
vom Schlund geplagt

der Flammen. Selber Schuld
ob mangelnder Geduld
war einer dort gewesen,
der stand sonst fett am Tresen.

Herr Herrmann hatte die Vision,
im Schrecken vor der Rezession,
ein Feuer zu entfachen
für Wärme. Nur ein Lachen

ihm schallte da entgegen.
Der Widerspruch? Von wegen!
Die Angestellten führten aus
und kamen nimmermehr nachhaus.

Im Affenhaus brennt noch Licht

Dass Wärter Walter Affen mag,
entdeckt der Seehund jeden Tag,
wenn er zu ihnen rüber stampft
und schon eine Banane mampft.

Nun mag der Peter Pavian
wohl lieber etwas Parmesan,
doch kriegt er von dem Dummen
die klassisch-gelben Krummen.

Gelangweilt von dem süßen Fraß,
fehlt ihm beim Essen jeder Spaß.
Nur einmal gab es Döner
von einem Tagelöhner,

der sich ins Haus der Affen schlich,
das nachts einem Gefängnis glich.
Bewacht und voller Gitter.
Er aß Filet vom Zitter-

aal gern so wie das Hühnchen.
Genau wie manches Blümchen
aus einer Kinderhand,
die außer Rand und Band

sich ins Gehege zwängte
und so das Tier bedrängte.
Noch heute denkt der Pavian
voll Wehmut an den Parmesan.

Drei Minuten mit Minerva

Man dankt dir, eh die Sonn aufgeht.
Oh, Dunkelheit, am Himmel steht
dein schwarzes Funkeln lichtbefleckt.
Das Morgenrot hat eingecheckt.

Es bleiben nur Minuten,
bis bald der Sonne Fluten
an Strahlen uns erhellen,
die wir auf warmen Fällen

die stillen Stunden zähmen.
Ganz sicher vor dem Hämen
der Helden jeder Hetze.
Dem albernen Gesetze

so gar nicht wohl gewogen.
Hinaus zum Feld gezogen,
die Sinnlichkeit im Sitzen
bei Hafer zu erhitzen.

Die plattgedrückte Stelle
wird schmerzhaft eine helle.
Das Licht erstrahlt die Wangen,
an denen ich gehangen

für viel zu kurze Stunden.
Der Tag hat uns gefunden,
verrät der Liebe List.
Er weiß nicht, wer du bist.

Der blaue Braunbär

Ein Braunbär war des Morgens blau.
Wieso? Er wusste nicht genau,
was in der Nacht geschehen ist.
So ist das, wenn du hacke bist.

Nun war dies wirklich ärgerlich,
denn hatte diese Dicke sich
vertan mit seinem Wecker.
Das Honig-Brötchen, lecker,

er musste sich abschminken,
um eilig dann zu hinken
zum Bahnhof. Arbeit finden.
Sich dazu überwinden,

entfachte in ihm Schmerzen.
War er doch gut zum Scherzen,
nicht Schaffen aufgelegt.
Vom Zeitdruck angeregt,

der Bär stieg in die Bahn.
Er hatte sich im Wahn
als Bärlauch-Koch beworben.
Sie hatte ihn verdorben:

die Autokorrektur.
Ihr folgend immer nur
ins nächste Elend rennend,
er stieg bald aus, nur flennend.

Die Wut-Wurst

Ihr wollt es nicht hören,
doch Würste gehören
sowohl auf den Teller
als auch ins Gepäck,

das man als Versteck
für Waffen oft nutzt.
Beim Ziehen verdutzt
es nur. Keinen Heller

man zahlt im Vergleich
zu manch einem Streich
der hiesigen Lobby.
Als ängstliches Hobby

die Wurst dient dem Zweck.
Spricht einer nur Dreck,
man zieht sie und schlägt,
bis ganz abgesägt

der Schädel. Manch Mädel
und Mannesbild wankte,
die Schwerkraft dann dankte
den Blutigen. Mutigen

ist es ein Leichtes,
bisweilen gar Seichtes,
die Wahrheit zu sagen.
An trockenen Tagen.

Peer Günther

Der Kiosk war sein Kleiderschrank.
Man hatte Günther voller Dank
für seinen Bierkonsum
den Schutz vor dem Monsun

an Main und Mosel geben.
Das ganze harte Leben
ist er stets nass geworden,
die großen Rechnungshorden

für Kinder zu bezahlen.
Die Ehe fordert Wahlen,
doch oft auch eine Scheidung.
Ihm blieb nur die Verkleidung

am Leibe, um zu leben.
Bei Nässe war das Kleben
der Bahnen nur zum Schaudern.
Ihm blieb das nette Plaudern

mit seinen Planschkumpanen,
die unter weißen Planen
den Plan zum Trocknen fassten.
Gewitter so verpassten

und auch die Chance auf morgen.
Ertränkten ihre Sorgen
im Gerstensaft auf ex.
Die Sache war komplex.

Das Kaffeebohnen-Attentat

Nun ist das freche Necken
der beste Weg zum Becken.
Das Urteil zu vollstrecken,
mag auch die größten Strecken

ganz machbar wirken lassen.
Ich konnte es nicht fassen,
wie du mit gutem Zielen
als eine von den Vielen

ins Herz mir konntest treffen,
wo nun die Wunden klaffen.
Ein Blut mit Röstaromen
führt oft zu dem Abdomen.

Am Ohr ich spürte noch den Zug.
Mir reichte es, das war genug.
Ein Attentat, aus Zuneigung.
Die Regeln alt, die Liebe jung.

In Kaffeesatz gegossen
und doch sogleich verflossen.
Ich nahm darauf die Bohne,
dass sich ihr Leben lohne,

und rettete ihr Wesen.
Sie hat niemals gelesen,
was ich geschrieben habe,
woran ich mich erlabe.

Mietendeckel im Küchenalltag

Die Lehre zu dem Koch ist hart
und doch begann klein Gustav zart
das Schreiben zu verfassen.
Bewarb sich ganz gelassen

für eine Gastrostelle,
die er in aller Schnelle,
wen wundert es, bekam.
So ging er voller Scham

am ersten Tag zu Schicht.
Man mochte ihn dort nicht.
So jung und voller Leben.
Das durfte es nicht geben.

Sein erster Job: das Schälen.
Kartoffeln können quälen.
Zum Braten kleingeschnitten.
Er ließ sich dann nicht bitten,

die Pfanne zu erhitzen.
Erschöpft bereits im Sitzen.
Den Deckel drauf, die Wärme
entfleucht sonst bei dem Lärme

der weinenden Gesellen,
die morgens in den Zellen
schon auf den Abend warten.
Mit Blumentopf als Garten.

Vor Anker in Ankle Boots

Ihren Döner im Anschlag
und mit Wimpernaufschlag,
back to the roots,
in Ankle Boots

sie sitzen dort.
Manch stumpfes Wort
dringt laut aus ihrem Munde.
Mit Zwiebeln. Eine Runde,

so sonderbar und seicht.
Im Make-up-Dunst erbleicht,
sonst von dem Sonnenkuss
gebräunt. Sie machte Schluss,

erzählt die eine laut.
Er hatte es versaut,
der Typ. Ich lauschte gierig
den Damen, es war schwierig

im Großstadtdschungel-Camp.
Man nannte sie nur Champ,
die Siegerin der Schmerzen
und Salatherzen.

Schwarzes Lederimitat
voller Soße und Salat
schwieg so still, sie sah es nicht.
Mit Freunden hat Genuss Gewicht.

Federer spielt Federball

Es spielt daheim auf jeden Fall
Frau Federer gern Federball.
Das Tennis war ihr viel zu schwer,
da nahm den Federball sie her,

weil der bekanntlich leichter ist.
Dies sollte werden eine List
des Schicksals, denn beim Spielen
sie holte sich oft Schwielen

und auch den Ball zurück.
Ein paar Mal war es Glück,
dass nichts zu Schaden kam.
Sie war zwar voller Scham,

doch spielte eifrig weiter.
Die Straße wurde breiter,
weil jeder seinen Wagen
mit Angstgefühl im Magen

woanders lieber parkte.
Frau Federer am Markte
bald wurde angesprochen.
Sie hätte was verbrochen.

„Das kann nicht sein",
sie jaulte laut.
Doch Nancys Beetlein
war versaut.

Abgesang auf eine Zimmerpflanze

Ich hab den Anblick stets genossen,
doch sie leider nicht gegossen.
Welkend weilt sie nun, da hängen
Blätter auf den leeren Rängen

aus den Stielen, die bestohlen
wurden. Wasser muss man holen?
Hätte ich das nur gewusst,
wäre Frische hier statt Frust.

Pflänzlein, grün in besten Tagen,
wird sich sicherlich nun fragen,
wer den Tod so grausam bringt?
Still die Totenglocke klingt

am Fenstersims der Schande,
wo außer Rand und Bande
ein Kaktus wimmernd weint.
Ich hatte ihn vereint

mit jenem zarten Pflänzchen,
für das er stets ein Tänzchen
mit seinen Stacheln gab.
Nun stet er dort am Grab

in Form des Blumentopfes
und singt gesenkten Kopfes
den Abgesang auf Rosa,
in der ich nur noch Moos sah.

Unterschrift in Oberammergau

Es gab in Oberammergau
vor Jahren einmal einen Stau.
Man fragt sich, wie das ist passiert?
Dort hat man den Vertrag signiert,

der heute noch die Massen teilt.
Der Reihe nach: Schwer aufgegeilt
sich hatten einst Senioren,
die über alle Ohren

verliebt in Damen waren,
die in dem Ort in Scharen
manch enge Straße säumten
und nicht den Schnee wegräumten.

Das schnelle Geld war dort ihr Ziel.
Den Herren, mancher sagt senil,
es juckte jauchzend oft der Stiel,
so dass das Straßenbild steril

gewesen ist nur mäßig.
Die Lust scheint oft gefräßig.
Dem Bürgermeister dann zu bunt
das Treiben wurde und ein Bund

begann sich zu formieren,
um schwer zu demonstrieren.
Es kam zum Gaudi-Gau-Vertrag,
dass man das Necken lassen mag.

Vierzeiler

Charlottenplatz

Einst aßen mal zwei Schurken
am Bahnsteig gierig Gurken.
Vor Freude machten sie den Satz,
als nahmen dort Schalotten Platz.

Marienplatz

Auf meiner Oma Dia
erkannte ich Maria.
Mehr Dias fand ich, welch ein Schatz.
So fanden dort Marien Platz.

Wilhelmstraße

Die Brautschau ist ein alter Brauch,
weshalb man lässt sie heute auch.
Doch an des Hörsaals Halt?
Wohl höhere Gewalt.

Die Furcht des Herrchens

Der Weisheit Anfang ist der Hund
mit seinem Halsband, pink und rund,
das Herrchen Gassi führend.
Die Äuglein, ach, wie rührend.

Orpheus

Wer sehnsuchtsvoll nach hinten schaut,
sich meist der Zukunft Glanz verbaut.
Was bleibt, sind stumme Saiten
als Bild ins Himmels Weiten.

Das Haar der Babymieze

So fein und doch so fadenscheinig,
da sind sich Katz und Köter einig.
Der Mensch stets fällt drauf rein,
will er entzückt nur sein.

Ariadne auf Nachos

Sie pfiff auf die Ernährungstipps
und schaufelte gar täglich Chips.
Das gab dann Minospunkte
beim Kampf gegen die Pfunde.

Der Schiedsrichter

Er ist oft eine Pfeife.
Doch zeugt es wohl von Reife,
zu schätzen all sein Walten.
Das Feld muss er behalten.

Nasenbluten

Es rinnen rote Fluten
durch meine riechend Ruten.
Dass alles fließt, schmerzt grässlich.
Mein Oberteil? Nun hässlich.

Niedergeschlagen

Ein starker, kurzer Niederschlag
ist etwas, was wohl keiner mag.
Von oben aus gesehen
lässt es sich leichter gehen.

Streaming-Schulden

Was einer Kaffeekasse nennt,
dem nächsten unter Nägeln brennt.
Selbst bei drei Euro Schulden
will er sich nicht gedulden.

Usability-Check

Frau Maier war sehr oft auf Trab
und nutzte den Massagestab
nicht nur für ihren Rücken.
Du Schwein, sie brauchte Krücken.

Ahornblatt

Es ziert die Flagge Kanadas
in Rot auf Weiß, welch Farbenspaß.
Am goldenen Spätsommertag
ist es, was ich gern zu dir trag.

Des Wochenendes Ankunft

Des Wochenendes Ankunft naht
und ist der Freude Hoffnungssaat
im Beet der toten Stunden,
mit Schmerzen überwunden.

SATB

Es hatte der Sopran den Alt
bei jenem Satz in der Gewalt.
Auch der Tenor und Bass,
die hatten keinen Spaß.

Muffinform

Die rosa Plastik-Muffinform
entspricht nicht mancher Kita-Norm.
In Glas den Schmaus zu fassen?
Zum Schutz nicht zugelassen.

Träubleskuchen

Sonntags ließ der Träubleskuchen
eine alte Hausfrau fluchen.
Denn sein Anblick war nicht klasse
auf dem Boden der Terrasse.

Der Leuchtturm

Ein Leuchtturm, der am Ufer stand,
geriet bei Nacht sehr schwer in Brand.
Den Schiffen machte das nichts aus,
sie fanden nun erst recht nach Haus.

Blockflöte

Er hat, das weiß der ganze Block,
bei Tag und Nacht auf Flöten Bock.
Verdient so manche Kröte –
die Blockflöte.

Der Trichter und sein Henker

Zu bereiten am Tische
die Mische
fordert ruhige Hände.
Das Parkett? Am Ende.

Nichts los

Es ist nichts los,
ich schreib es groß.
Das ist das Kranke.
Wanke.

Ein Kleinflugzeug

Ein Kleinflugzeug mit Landelicht
meiner Gedanken Schwarz durchbricht.
Es brummt, das kann ich auch.
Fliegt doch vorbei wie Rauch.

Mehr als du

Mehr als du war noch nicht drin.
Das klingt jetzt hart, doch macht es Sinn,
wenn ich an morgen denke
und in die Zukunft lenke.

Studentenfutter

Die Wirtschaft ist im Wandel.
Doch heute noch die Mandel
macht satt die Wissbegierigen
und die vor Durst Krepierenden.

Sirenen-Sinfonie

Während sich Kleinstadtgestalten
noch die Ohren zuhalten,
denken sich Städter:
Was brennt bei dem Wetter?

Die Garnele

Es traf eine Garnele
im Wasser ein Kamele.
Das Krokodil aß beide
im Zoo von Höckerweide.

Federkiel

Er nannte jenen Federkiel
mit Überzeugung Federstiel.
So ließ den Stil er missen.
Es fehlte schlicht das Wissen.

Glasreiniger

Er brachte sie bei Nacht auf Trab,
ein gläserner Massagestab.
So sauber und doch dreckig.
Das Bett am Morgen? Fleckig.

Mähdea

Des Rasenmähers krachend Klang
erzittern lässt die Halme lang,
um sie dabei zu kürzen.
Frau Schulz, nichts überstürzen!

Aktgemälde

Das Fräulein sichtbar auf dem Akt
ist, weil sich das schön reimt, sehr nackt.
Denn hätte es was an,
dann träte keiner ran.

Nicht eingeladen

Sie nahm dem Brot die Butter
in Form der alt Stiefmutter.
So trocken nun wie ihr Humor
trat sie auf die Tanzfläche vor.

Einzeltagesticket

Da liegt es wie Gummisohlen:
Abgelaufen.
Es zwingt mich, es neu zu holen.
Ausgelaufen.

Balkongitter

Hältst mich bei Gewitter,
Balkongitter.
Mit der nassen Witterung
fließt durch mich Verbitterung.

Sonnenbrille

Ich staune hier in aller Stille:
Da wechselt sie die Sonnenbrille
von einer zu der anderen.
Des wilden Werbers Wille.

Der Strolch

Dem Ritter stieß ein Strolch
ins Herze einen Dolch.
Zum Glück war er gerüstet,
der Strolch darauf entrüstet.

Ramen-Handlung

Japanische Nudeln,
man nennt sie beim Namen:
Ramen.
In Internet-Rudeln.

Widerstand ist zwecklos

Ich hab den Welpen in der Hand,
er trägt den Namen „Widerstand".
Mein Kätzchen nenn ich „Zwecklos".
Widerstand isst Zwecklos.

Rasiert

Da haben sie, vom Flaum geziert,
die Schaumparty mal echt rasiert.
Das Selbstbewusstsein? Groß.
Aalglatt in Hirn und Schoß.

Sonnenblumenkerne

Ich höre aus der Ferne
die Sonnenblumenkerne.
Du knackst sie wie mein Herz.
Du nervst, das war ein Scherz.

Fahrradkurier

Es stürzte um vier
ein Fahrradkurier.
Die Akte kam nicht an,
doch er zum weißen Mann.

Süßstoffspender

Wenn einem wer zum Drücken fehlt,
hat er den Zweck noch nie verfehlt.
Der Süßstoffspender. Plastik.
Ich drücke ihn sehr hastig.

Plastikhaus

Der Junge sieht so putzig aus
und putzt in seinem Plastikhaus.
Er ist wohl nicht ganz sauber.
Es auch, welch ein Abstauber.

Grillrost

So lang es um das Gitter geht,
ein jeder manchen Spaß versteht.
Doch ist der Grill porös,
man scheitert meist pompös.

Tannenzapfen

Wären Bäume kaltes Bier,
tränke man sie schon vor vier.
In eines Wirts Fußstapfen
ich würde Tannen zapfen.

Die Plastikflasche

Der Plastikflasche Deckelkranz
im Dunkeln rollte wirklich ganz
nach hinten unters Bett.
Das Schicksal, wirklich nett.

Federn lassen

Es wünschte sich klein Evelyn
ein großes, rundes Trampolin.
Die Mutter blieb gelassen
und musste Federn lassen.

Der Notfalleimer

Wem spielt verrückt der Magen, Darm,
der hält ihn stundenlang im Arm.
Beim Schlafen nah am Bette.
Die Rettung, jede Wette.

Po und Poe

Da liegst du in all deiner Pracht
und liest wohl noch die ganze Nacht.
Du blickst kurz auf, du strahlst mich an.
Erst nach dem Lesen kommt der Mann.

Ein Stückchen Käse

Ein Stückchen Käse, fein paniert,
mir wurde heute stolz serviert.
Dem alten Gummi gleich.
Geschmacksverstärkerreich.

Nachgezogen

Du kommst von der Toilette
und strahlst mich einfach an.
Im Glas schwimmt die Limette.
Am Morgen bist du dran.

Briefmarken

Ich halte ihr Briefmarken hin.
Sie klammert fest sich an den Gin,
den Fünfziger weiter erwartend.
Was soll es, war schließlich ausartend.

In die Puppen

Bis in die Puppen
war ich wach.
Im alten Schuppen
am Bach.

Dragqueens

Etwas dick aufgetragen,
doch was soll ich sagen?
Sagenhaft sitzend,
das Make-up erblitzend.

Das Pochen

Das Pochen im Kopfe
betäubt auch kein Tropfe
vom Wasser, erfrischend
die Lügen auftischend.

Notizbücher

Sie bilden die trockenen Seen
der nicht umgesetzten Ideen.
Sind baldiger Hoffnungen Hafen,
die Zweifel für immer zu strafen.

Nudelwasser

Das Kochen sehr vermissend
erblicke ich das Blubbern
und greife nach den Schrubbern,
um meine Fliesen wissend.

Der Perlenohrring

Ganz verloren
liegt er da angekratzt.
Von den Ohren
abgefatzt.

Sahnejoghurt

Er ist so cremig.
Lehmig
wäre auch schlecht.
Echt.

Schraubverschluss

Des Flaschenöffners Fehlen fast
verhinderte die Freude. Gast-
geber ist nicht mein Ding.
Zum Supermarkt ich ging.

Krakenweite

Er maß in aller Breite
des Kraken Krakenweite.
An Metern sicher drei.
Zum Abend gab es Brei.

Head of Handy

In der Fußgängerzone,
da ging es nicht ohne
sein schelmisch Verkaufen.
Er konnte auch saufen.

Runde Ecken

Es ist zum Verrecken:
Runde Ecken
wird es nie geben
in diesem Leben.

Tai-Wahn

Nach Thailand will ein jeder heut
und hat den Wunsch meist schnell bereut
beim Blick aufs Konto. Teuer
sind Drachenungeheuer.

Das Arbeitskleid

Der Knecht hat aus dem Arbeitskleid
die Magd aus bloßer Pflicht befreit.
In jener großen Schürze
liegt die Würze.

Pfadfinder

Im Server tief verschwunden
ist die Datei. Den Hunden
scheint das so ganz egal.
Es schert sie keine Zahl.

Der Ritter

Der Ritter Cosimade
mocht Bitterschokolade.
Das fand ein Fräulein süß
und brachte ihm Gemüs.

Der Notenschlüssel

Zum Schließen ist er nicht gemacht
und öffnet so in mancher Nacht
die lauten Leben derer
modern Pythagoräer.

Die Schmiedekunst

Die Taschen sich zu stopfen
muss so ein Schmied lang klopfen.
Wer in dem Übermut
wohl fasste in die Glut?

Bass Silikum

Produktdesigner sind nicht stumm.
Der Jason schuf Bass Silikum,
ein Instrument ganz grün.
Das Marketing? Sehr kühn.

Schallplattencover

Das Runde steckt hier im Quadrat.
Zum Hören hat man so parat
die Scheibe schnell. Die Farben
aufreißen alte Narben.

Vom Osten kosten

Im Osten schienen
die Schienen
wie Bienen:
Gefährdet.

Nachschlag-Profi

Vom Pudding sehr entzückt
das Wörterbuch zur Seite
ich legte. Bin verrückt
von jener Schüssel Breite.

Treppenhaus

Wenn ich die Nachbarn höre,
wie sie mich,
sie auch den Stich
in meine Göre?

Wird es gut?

Wird es gut,
was ich hier mache?
Guter Mut.
Schlimme Sache.

Der Jazzpianist

Er spielt eine Horde
Akkorde.
Morde an den Fingern,
Schmerzen zu verringern.

Verrückt nach Kleidern

Verrückt nach Kleidern
und Neidern
scheinst du zu sein.
Weinst du allein?

Traditionsreich

Wo die Traditionen leben?
Ich weiß es eben
nicht, zerstört
werden sie doch. Unerhört.

Fingerknöchel

Ärsche und Brüste,
gelernte Gelüste.
Mich strecken die Glieder
nieder.

Die Blumenverkäuferin

Ich wollte gar nichts wissen
vom Sträußlein aus Narzissen.
Nun läuft hier vor der Vase
seit Stunden meine Nase.

Der Schmetterling

Des Schmetterlinges Flügelpracht
hat mir den Morgen schön gemacht.
Im hellen Glanz der Farben
verblassen manche Narben.

Der Mond

Der Mond isst aufgegangen,
denn er hat viel gegessen.
An seinen dicken Wangen
hängt mancher Rest vom Fressen.

Der Löwenmann

Den Mann mit dem Löwen,
ihn scheinen die Möwen
am Deich nicht zu jucken.
Er wird sich nie ducken.

Lupenrein

Der Lupen-Rhein
ist ein Fernweh-Fluss,
der dort fließen muss,
wo herrscht Überdruss.

Blattgold

Den Bestseller zu landen,
das möchte jeder schaffen.
Zum Schreiben sich aufraffen?
Dazu nicht viele fanden.

Hausaltar

Maria grinst mich schüchtern an,
in ihrem Arm der junge Mann
den Vater hat im Himmel.
Wie ging das ohne Pimmel?

Kronleuchter

Kerzengerade
hängt an der Decke
er, die Tischdecke
streichelt die Wade.

Lieferservice

Auf der schwarzen Thermotasche
liegt die Limonadenflasche.
Nicht bestellt, geliefert doch
bläht sie auf des Magens Loch.

Komplett verwirrt

Ein Mönch, sich in der Tür geirrt,
erschien zu der Complet verwirrt.
Er wollte zu der Terz.
Die Trinksucht ist kein Scherz.

Spitzenmanager

Er war der Unterwäsche-King.
Es machte oft die Kasse „kling"
dank Spitzenhöschen, Schleifen,
die Gönner anzugreifen.

Abendspaziergang

Am Abend zeigte mir den Schlund
beim Laufen einst ein großer Hund.
Der Zunge rosa Glanz
mich lenkte ab vom Schwanz.

Um die Ecke

Der Urlaub um die Ecke starrt,
jedoch noch aus im Schatten harrt
mit kritisch-müdem Blicke
mein Hirn, die dumme Zicke.

Ladekabel

Es gibt so manches Synonym
für jenes fleischig Ungetüm,
das hängt zwischen den Beinen.
Mann möchte lange weinen.

Fliesenleger

Ein Fliesenleger macht was her,
wenn er die Fliesen legt leger
gekleidet. Arbeitshosen
erzielen auch die Rosen.

Dom-inant

Stehend vor des Bischofs Grabe,
einer steinern-schweren Platte,
griffst du weltlich an die Latte
mir. Noch heute mich erlabe.

Der Gärtner

Mit fein geführter Hand
er schenkte ein Gewand
dem Bäumchen. Akkurat
geschnitten seit der Saat.

Jura-Studentinnen

Zu lieben die Gesetze,
verzeiht mir diese Hetze,
sich spiegelt optisch wider.
Ein Outfit, immer wieder.

Zu Nudeln

Zu Nudeln erste Sahne
ist kräftig Parmesane.
Es hat geschneit, doch warm
wird es in Brust und Darm.

Amor auf Abwegen

Der Amor war verwirrt.
Es hat sehr oft geklirrt,
denn er schoss manchen Pfeil
in Ampellichter steil.

Graue Stars

Haben scheinbar nichts zu tuen
diese göttlichen Statuen,
um den Brunnen schön drapiert.
Bis in Ewigkeit zu viert.

Clara

Robert hat mit Songs im Schacht
seine Clara klargemacht.
Mit den Nerven dann am Ende,
wärmten sie auch fremde Hände.

Büchertauschregale

Man kann sie nicht höher gewichten:
Geschichten,
in Büchern gegliedert
und sehnlichst erwidert.

Morgenregen

Wer klopft da kläglich an die Scheibe
meiner stillen Dichterbleibe,
sich mit mir wohl anzulegen?
Angst, lass nach, es ist nur Regen.

Apfelkuchen

Einer wird den Apfelkuchen
wohl ein Leben lang verfluchen,
lehnen ab sehr schnell:
Wilhelm Tell.

Die Grundformen

Mit Dreieck, Kreis und auch Quadrat
hat man die Formen meist parat,
zu schaffen Formenreiches.
Aus Gleichem folgt nicht Gleiches.

Die miese Schlange

Ich muss schelmisch denken:
Den Kiefer ausrenken
ihr würde auch helfen
privat mit den Elfen.

Produktiv

Heut wirklich produktiv zu sein
nahm ich mir vor. Die Lust, sehr klein,
lacht schelmisch in der Ecke.
Dann doch unter die Decke.

Der Dachdecker

Es war mal ein Dachdecker,
der fand die Datteln lecker.
Doch niemals war er Bechern
dort oben auf den Dächern.

Mittagsschlaf

Es wollte einmal Neptun
zum Mittag ein Nap tun.
Als Venus aber bockte,
er wieder Spiele zockte.

Poseidons Po

Er ist in jedem Falle nass,
sowohl im Gram als auch bei Spaß.
So wollte er nur eine Maß,
da fiel auf ihn das ganze Fass.

Schweinemedaillons

Weil Bauer Fritz die Schweine liebt,
er ihnen was zur Weihnacht gibt.
Den Halsschmuck dieses Jahr,
da er so günstig war.

Elektrisches Garagentor

Was dringt da blechern an mein Ohr?
Es ist ein laut Garagentor.
Der Nachbar spricht vom Summen,
die Nachbarin vom Brummen.

Im Wäscheraum

Ich lebe meines Lebens Traum:
Der erste Mensch im Wäscheraum
des Samstagmorgens. Fein
stell ich die Trommel ein.

Mistelzweig

Ich würde einen Mistelzweig
sehr gerne auf dich werfen,
dass du nicht fliehen kannst. So schweig!
Der Dornen Stiche nerven.

Die Hummel

Es machte eine Hummel
zum Rummel einen Bummel.
Mit schönem Fummel an.
Das freut den Hummel-Mann.

Schreibtischlampe

Du schwebst über dem Schreiben
mit deinem starken Licht.
Was mag von ihm nur bleiben?
Es ist dieses Gedicht.

Biomüll

Er lebt wohl mehr als ich zurzeit,
doch ist der Weg auch noch so weit:
Ich schmeiß nicht hin. Den Müll
entsorg ich mit Gebrüll.

Am Dom zu Speyer

Es hängt am Dom zu Speyer
ein steinern Wasserspeier,
der speist die grauen Tauben,
die sich den Drink erlauben.

Kürbisse

Sie stehen an dem Gartentor
mit gruseligen Fratzen.
Man stellt sich weinend Kinder vor,
doch jammern hier nur Katzen.

Die Nackte im Rahmen

Es ziert den Rahmen als Motiv
ein Frauenbild. So primitiv
und hübsch doch anzusehen
vom Kopf bis zu den Zehen.

Kleiderbügel-Panik

An die kalte Kleiderstange
klammert er sich schon sehr lange.
Abnehmen ist angesagt.
Nicht gewinnt, wer es nicht wagt.

Aus dem Staub gemacht

Beim Frühjahrsputz flog in den Mund
mir einst ein unbekömmlich Rund.
Es schmeckte schlecht, wer hätt's gedacht,
denn es war aus dem Staub gemacht.

Zwei-Wege-Identifizierung

Ich trete an die Gabelung
wie an des Messers Schneide.
Wenn ich mich falsch entscheide,
man quält mir Nabel und auch Lung.

Spiegeltüren

Die Spiegeltür am Schrank
sagt mehr als tausend Worte.
So schafft der Ruheorte
den Raum für manchen Zank.

Das verlorene Schmuckstück

Der Schmuck, er war aus Jade.
Doch sie hat ihn verloren.
Er fiel ihr von den Ohren.
Schade.

Gelbe Blätter

Es liegt wohl am Wetter:
Die gelblichen Blätter,
sie fallen hinunter
und dadurch auch auf.

Erfasst

Der Inhalt ging unter.
Ich schaute gar munter,
doch nahm ihn nicht auf.
Lauf!

Reißverschluss

Zu einer großen Hungersnot
Frau Ling erklärt das streng Gebot,
auch wenn wer leiden muss:
Es gilt der Reis-Verschluss.

Anstoßen

Othellos einsam Suizid
begossen wir zu zweit fluid.
Den Rosso in den Rachen.
Mir stieg zu Kopf dein Lachen.

Das Rathaus

Warum das Rathaus Rathaus heißt?
Da müsste ich jetzt raten,
weil es sich als sehr schwer erweist,
zur Lösung hinzuwaten.

Projektionsfläche

Des Kinosaales Leinwand zeugt
vom kranken Mann, der sich nicht beugt
gesellschaftlichen Zwängen,
die drohend ihn verhängen.

Die Katzenmama

Sie kaufte viele Jahre treu
für noch mehr Geld das Katzenstreu.
Doch als die Katze abgekratzt,
da hat man nur noch sich verschwatzt.

Die geile Uhr

Die Uhr, sie steht
seit Jahren schon.
Des Marses Sohn
fragt, wie das geht?

Kamm on

Sie trägt den Kamm, es ist nicht wahr,
in ihrem Haar als Accessoire.
Da steht sie, ungekämmt
und wie gewohnt enthemmt.

Pute & Rute

Es folgte nach der Pute
aufs warme Fleisch die Rute.
Das Salz, aus Tränen extrahiert,
wird ohne Aufpreis so serviert.

Eidgenosse

Ich schwor den Eid,
er tat es auch.
So spart man Neid
und teilt den Rauch.

Ressourcenverschwendung

Die Zeichen gehen uns bald aus,
es fordert jeden Schreiber raus.
So wählte ich bekifft
die kurze Überschrift.

Kunstliebhaber

Die Kunst ging mit dem Fremden.
Er trug so schöne Hemden
und hielt nichts von Gelaber.
Er wurde Kunstliebhaber.

Nachlass

Der Nachlass war schon fast verteilt,
da hat sie nachgelassen.
Die Kraft des Guten, angepeilt.
Das Herz erfüllt vom Hassen.

Tyrann

Es waren einst Tyrannen,
die in das Elend rannten.
Sie nannten dies aus Fun:
Ty-Run.

Der trojanische Herd

Man kriegt im Leben nichts geschenkt,
weiß jeder, der an Troja denkt.
Der alte Gratis-Herd
wirkt wahrlich wie das Pferd.

Fundamentalisten

Beton ist wirklich hart,
am Anfang jedoch zart,
bevor noch nicht erhärtet.
Der Stoff, den ihr begehrtet.

Schaufelrad

Im Baumarkt einst ein Buddler
wuchs schnell zu einem Bruddler.
Ein Fachmann war nicht gleich parat,
so misste er den Schaufel-Rat.

Serviervorschlag

Dein Wortschatz ist fein abgeschmeckt,
der Fortsatz freilich abgeschleckt.
Da steh ich nun, so fade
mit Billigschokolade.

Gehackte Petersilie

Er hat die Server lahmgelegt
und suchte Arbeit, unentwegt.
Es fiel dann seine Wahl
auf das Gewürzregal.

Börsencrash

Ich schlenderte so munter,
da fiel sie mir hinunter
und krachte in den Kies.
Das gab den Fleck, wie mies.

Abtreibungsgegner

Es lag ein Schiff im Hafen,
die Mannschaft wollte fort.
Der Kapitän blieb dort
und musste sie bestrafen.

Orkanspende

Weil die Natur so gütig ist
und von den Menschen angepisst,
schenkt sie uns oft im Wahn
den Sturm und auch Orkan.

Der Fall Obst

Der Kommissar mag Birnen gern
und seine Brust ziert nicht ein Stern.
Die Birne ist es, welch Komplott.
Darauf ein Schüsselchen Kompott.

Machtlosigkeit

Zu haben es nicht in der Hand,
macht mich in Schicksals Macht zum Pfand.
Wie zügellose Pferde eilen
sie hinweg. Ich muss verweilen.

Der Tragödie erster Teil

Es fragte einmal ein Genie:
„Frau Lehrerin, heißt es nicht die
Tragödie?" Sie weinte sehr.
Das Deutsche, es ist schön und schwer.

Im Dämmern

So schrieb ich mit des Schlafes Keim
zu später Stunde noch den Reim.
Es fehlten Sinn und auch Moral.
Im Dämmern klang der Bach-Choral.

Die Regentonne

Dort wo der Regen angeklopft,
ist manche Rinne schon verstopft.
Die Regentonne? Voll.
Da sagt der Gärtner: „Toll."

Rückenschmerzen

Was die Gesellschaft noch vereint?
Es sind die Schmerzen, angeleint
auf all den krummen Rücken,
die im Büro entzücken.

Auf dem Herd

Es küsste zärtlich auf dem Herd
die Edeltraud den alten Gerd.
Er hatte einen heißen Arsch,
drum blies sie fröhlich ihm den Marsch.

Der Teerand

Der Teerand ziert das Tassenrund.
Nicht ausgetrunken von dem Mund
wird das Gefäß zum Kunstwerk,
was ich an seinem Dunst merk.

Eingang gefunden

Der sehr gesuchte Weg hinein,
er ist oft gut versteckt. Gemein,
doch gänzlich gut verständlich
im Leben, quälend endlich.

Experimentierkasten

Wer offen stets für Neues ist,
erkennt betört des Alltags List,
die Zeit im Bett zu fasten.
Dem Experimentierkasten.

Rotweinnote

Schmeckst du auch die sehr devote
lieblich-süße Rotweinnote?
Kurz nach jedem kurzen Nippen
lieb ich sie an deinen Lippen.

Beschnitten

So ein Blatt aus Backpapier
auf dem Blech liegt nicht zur Zier.
Passt es doch genau da rein.
Der Vorteil am Beschnittensein.

Über Wein

Ich schreib mal wieder über Wein,
dabei fällt mir kein Reim mehr ein.
Den Stift zu halten fällt auch schwer,
drum nehm ich noch ein Gläschen her.

Ein Problem

Jetzt gibt es da wohl ein Problem:
In meinem Herz bist du wie Lehm,
der hart geworden schmerzt und drückt.
Du machst mit jedem Wort verrückt.

Langer Rock

Es macht ein braver, langer Rock
auf kurze Pausen wahrlich Bock.
Dein nacktes Bein, so süß versteckt,
hat mich beim Zweifeln aufgeweckt.

Der listige Cellist

Er streicht die meisten Damen ein,
dabei war er nun wirklich klein.
Die Beine breit, welch Traum aus Holz.
Ein Öko-Toy, des Schützers Stolz.

G-Dur

Ein Kreuz bis in die Ewigkeit.
Für jeden ist es mal soweit.
Doch diese Tonart ist schon heute
dieses schweren Leides Beute.

Abgeschrieben

Ich hab dich abgeschrieben
und bin noch am Kopieren.
Sich vor der Wahrheit zieren?
Wie sinnlos, dieses Lieben.

On-Off-Beziehung

Ich ziehe meinem Wecker
gelegentlich den Stecker.
So bring ich ihn zum Schweigen
und kann noch liegen bleiben.

Süßkartoffel-Dating

Es geht das salzig Speisesalz
auch gern für Süßes auf die Balz.
Da fand es eine tolle
Knolle.

Damenuhr

Es trug ein Herr, er war ganz stur,
mit Freude eine Damenuhr.
Wie das so einfach möglich war?
Ein Ausweis macht nicht alles klar.

Schlangenförmige Gurken

Die krumme Gerade,
aus Wasser, schmeckt fade.
Gerade Geraden?
Die landen im Laden.

Vintage-Fliesen

In ihrem Muster
und in der Lust: Er
mochte sie nicht.
Modern heißt oft schlicht.

Bleigießen mit Fruchtgummis

Was leicht verbrannt liegt in der Luft?
Der Gummibärchen süßer Duft.
Ins Wasser dann geschmissen,
um früher mehr zu wissen.

Die neue Seitenstraße

Da hat doch eine Handelsmacht
sogleich an morgen mal gedacht.
„Wo bleiben wir denn dann?"
Fragt der Gewerkschaftsmann.

Teddybären-Würger

Er kann sich gar nicht wehren.
Drum muss ich ihm verwehren
das kuschelige Leben
und ihm den Tode geben.

Traum A Bewältigung

Ich hatte nachts zwei Träume.
Der zweite war sehr gut.
Den ersten ich versäume
zu fassen. Ohne Mut.

Maultaschen-Mauer

Ich baue eine Mauer
zum Schutz aus Fleisch und Teig.
Die Feinde macht das sauer,
weil Grenzen ich aufzeig.

Schlafrhythmus

Die Zweifel geben Töne an,
die Ängste stimmen ein.
Der Wecker lacht schon nebenan.
Die Nacht wird kurz nur sein.

Loslassen

Um Hilfe schreist du, streckst den Arm,
ich spüre deine Hand, sehr warm
und schwitzig. Abgestürzt.
Da bin ich nun bestürzt.

Sentimentale Monate

Dezember-Ende, welche Last
hast du wohl Menschen schon verpasst?
Doch auch im schönen Maien
die Seele möchte schreien.

Cocktailkleid

Da blieb sie hängen mit dem Kleid.
Kein Wunder, es war wirklich weit.
Der sehr ersehnte Sinnestrank
drang in den Stoff ein. Welch Gestank.

Möglichkeiten ausschöpfen

Vier Eimer voll sind es geworden.
Voll mit den Gedankenhorden.
Nun muss ich sie leeren
für das groß Begehren.

Supermarkt-Gnocchi

Beim Italiener schmecken sie
nach Tradition. Die Fantasie
behalt ich mir, denn Mikrowellen
sollen Restaurants erhellen.

Ingwer-Shot

Scharf ist bei dir
nicht nur der Tee.
Doch ohne Wir
welkt all der Klee.

Neubeginn in Hannover

Ich schmeiße einfach alles hin
und kippe mir den ganzen Gin
in meine Wasserflasche.
Es schmerzt die Reisetasche.

Deutsche Erstausgabe

Sie gab mir auf die Schnelle
exakt die halbe Kelle,
nicht reich an Wirsingsuppe.
Wie eine Puste-Puppe.

Leibeswohlbeförderung

Wie sagt man,
dass man lieben will?
Man klagt an
und dann wird es still.

Notiz eines Selbstmörders

Müde von des Lebens Leiden
schließ ich mir die Äugelein,
weitere so zu vermeiden.
Möge dies mein Frieden sein.

K-Pop auf Japanisch

Es hüpft die Asiatin rum.
Der Moderator lauscht erst stumm
und grüßt dann auf Japanisch.
Da wird die Frau sehr panisch.

Die Nachtigall

Es war die Nachtigall
und nicht die Leiche.
Eine Eiche
kam zu Fall.

Schwanzvergleich

Zwei Hunde.
Im Munde
die Knochen.
Sie kochen.

Zweiter Gang

Komm kaum voran,
doch stehe nicht.
Vorbei die Schicht
und das Gedicht.

Sechs Stunden

Sechs Stunden noch, dann ist das Jahr
nur noch in den Gedanken wahr.
Da auch noch ein Jahrzehnt beginnt,
erschreck ich, wie die Zeit verrinnt.

In dieser Nacht

Es ist schon wieder Schicht
in meinem stillen Schacht.
Und auch in dieser Nacht,
da wird an dich gedacht.

Es schreit

Es schreit ein Kind hier in der Bahn,
wohl voller Leid im Hungerwahn.
An Süßheit kaum zu übertreffen,
auch wenn es böse Blicke treffen.

Beim PKW-Check

Er bettelte sie an, die Nette:
„Geben Sie mir die Plakette!"
Sie blieb hart und er verbittert.
Hat darüber gleich getwittert.

Stromkasten

So einen Stromkasten
belasten?
Das Recht muss stets siegen.
Also verbiegen.

Was zu tun ist

Was wohl die Universität tät,
wenn man das Fleisch brät
im Seminar?
Schimpfen, na klar.

Kohleausstieg

Ab heute keine Kohle mehr,
sagt sich der Aktivist.
Das freut ihn lange wohl nicht sehr,
weil er dann pleite ist.

Tanzflächenevakuierung

Es brennt ein Feuer voller Lust
in jedes Tänzers breiter Brust.
Das freute die Sirene.
Ihr Name war Irene.

Möckmühl

Ich fahre jetzt nach Möckmühl,
weil ich mich wie ein Bock fühl.
Die Stadt, sie hat manch zartes Rind
und vor dem Stall ein schönes Kind.

Erste Klasse

Im Glanz der ersten Klasse
erscheint so manche Trasse
wie ein Germanengrabe
im Stil der Bienenwabe.

Geblendet

Vom Sonnenstrahl geblendet
bin ich hier gar verendet.
Ich mag sie nicht, die Hitze,
weil ich dann immer schwitze.

Feuerbach

Ich kam an jenen Feuerbach,
in dem das Feuer ich entfach,
seit es den Mensch gegeben.
Denn Wasser, das heißt Leben.

Das Kleingärtnerhaus

Das Kleingärtnerhaus
sieht unschuldig aus.
Ich ahne, das trügt.
Der Zweifel nie lügt.

Wacher

Der Wächter bewacht
die Werke bei Nacht.
Das Wachsein fällt schwer,
doch sieht man so mehr.

Löwenbändiger

Den König der Savanne?
Ich traf ihn einst in Wanne.
Er fraß an einer Tanne
direkt aus seiner Pfanne.

Rauchverbot im Lungenzentrum

Dass Rauchen hier verboten ist,
scheint mir die egoistisch List.
Hier will doch keiner schaffen
und auf das Elend gaffen.

Bügelfrei

Zum Feierabend lockt das Glück
in Form von manches Stoffes Stück.
Ich muss die Nerven zügeln
beim Bügeln.

Kläranlage

Es ist ein Folterinstrument,
das man als solches auch erkennt.
Man nennt es dieser Tage
Kläranlage.

Heil Bronn

Heil Bronn,
rief die Meute
in Bonn.
Freche Leute.

Dezimierter Baumbestand

Ein dezimierter Baumbestand
verdünnt des Waldes grün Gewand.
Trotzdem erschlug mich fast
ein Ast.

Kran-Schwan

Es saß auf einem Kran
einst leicht verwirrt ein Schwan.
Er wurde so zum Kranich,
beschloss in meinem Wahn ich.

Unter Generalverdacht

Schwer unter Generalverdacht
hat mal ein General gelacht.
Sie hatte ihn verdächtigt
und wurde schnell entmächtigt.

Marmorkuchen

Dass Amor Marmorkuchen mag,
war jener Grund, an dem es lag,
dass er sich schnappte Psyche.
Die fleischgeworden Süße.

Ein Pferd

Zum Jahrestag ein großes Pferd
sich wünschte Nancy-Joyce von Gerd.
Er grinste ganz debil
und holte eins vom Nil.

Goldgräberstimmung

Bei Gipfelerklimmung
in Goldgräberstimmung
man spielte die Geige.
In Goldgräberstimmung.

Menschenrechtsbeauftragte

In U-Bahn-Schächten links man geht.
Wer rechts auf der Rolltreppe steht,
der überzeugt gewagte
Menschenrechtsbeauftragte.

Porridge-Proletinnen

Man nennt den alten Haferbrei
in diesen Tagen Porridge. Frei
und offen scheint die schöne Welt.
Das Englisch sie gefangen hält.

Seidentwill

Ein rosa Kleid aus Seidentwill
verstummen ließ das Staunen. Still
stand jeder da, du mittendrin.
Die Masse folgt dem Tittensinn.

Maulwürfe

Man suchte nach den Mündern.
Chirurg erwischt beim Plündern.
Er operierte sie heraus
und warf sie in die Welt, welch Graus.

Staudensellerie am Staudamm

Am Staudamm aß ich Sellerie.
Das glaubt man mir vermutlich nie.
Es war auch nur der Worte wegen,
um sie dann passend hinzulegen.

Tiermarketing

Da machen wir ein Kätzchen drauf,
dann nimmt das Ding schon seinen Lauf.
Auch ein gedruckter Hund
sorgt für manch vollen Mund.

Nelken melken

Ich weichte es ein,
das Pflänzchen.
Und nässte mich ein.
Welch Kränzchen.

Slot am Samstag

Sich mal zu treffen, ist nicht leicht,
bis der Terminplan sich erweicht.
Man hat heut schrecklich viel zu tun.
Da sitzen wir ermüdet nun.

Ventilator-Wart

Damit die Frische fällt nicht aus,
man stellte einen an am Haus.
Der Wind, der Wind, das kranke Kind
dann musste bald zum Arzt geschwind.

Silo-Silhouette

Ein schwarzer, großer Kegel
gibt weniger als Hegel.
Doch hagelt es Gedanken,
dann kommt mein Stift ins Wanken.

Presseagentur

Die Traubenernte lief sehr gut.
Erwartet wird gegärte Glut.
Es fehlt die Presse aber nur.
Zum Glück gibt es die Agentur.

Ahornsirup-Fall

Der Sirup klebt in meinem Schoß.
Vom Wind bekam er einen Stoß
und hängt in süßlicher Manier
in meinem Schritt zur zarten Zier.

El Wangen

El Wangen ist ein Mafiaboss,
der mag die Pommes immer kross.
Man setzte ihm mal lasche vor.
Da kam per Post ein halbes Ohr.

Stabat-Marter

Oh, welche Marter, welche Pein
mag wohl das Stabat Mater sein
für eine Sängerin, die Husten
hat und kann nur leise pusten?

Vier Saiten

Vier Seiten hat so ein Quadrat.
Nun hab ich einen Fakt parat:
Die Ukulele hat sie auch.
Mit A geschrieben, sagt der Brauch.

Flucht in Sachwerte

Goldener Ring.
Bildhübsches Ding.
Und auch der Ring.
Schling!

Gesündigt wegen Eigenbedarf

Dass ich die Schokolade mag,
wird mir bewusst an manchem Tag,
wenn ich die Schokolade kauf
und ohne sie nach Hause lauf.

Heizungsventil

Ich drehe, sicherlich debil,
mit großer Freude am Ventil.
Vielleicht ist es das Thermostat.
Die warme Lösung steht parat.

Stink langweilig

Geduscht hat er schon lang nicht mehr.
Das freut den Nebensitzer sehr.
So sitzen beide ratlos rum
und rümpfen sich die Nasen krumm.

Pferde-Sedierung

Bis eben stets noch galoppiert,
liegt es nun da. Das Pferd, sediert.
Gequält erhebt das Maul
der Gaul.

Zitterpartie

Das Schachbrett steht am Pol.
So wie die liebe Sol
gar schrecklich tief, und kalt
verzockt sich die Gestalt.

Inhalt

Gedichte, frei in der Form

Vierzeiler

Über den Autor

Felix
Bürkle

1994

Geboren in Ostfildern-Ruit bei Stuttgart

2014-2017

Studium der Musikwissenschaft und Philosophie
in Tübingen (Bachelor of Arts)

2017-2018

Ausbildung zum Texter am
KreativKader Stuttgart (Diplom)

2019

Veröffentlichung des ersten Gedichtbandes
„Angeschossene Eichhörnchen"

2020

Publikation von „Gesündigt wegen Eigenbedarf"

Beifall, Buhrufe und Businessanfragen dürfen Sie mir gerne
unter **kontakt@felix-buerkle.de** zukommen lassen.

Sie haben das Buch online erworben? Unterstützen Sie mich
mit einer Rezension oder Bewertung beim jeweiligen Anbieter.
Besten Dank.